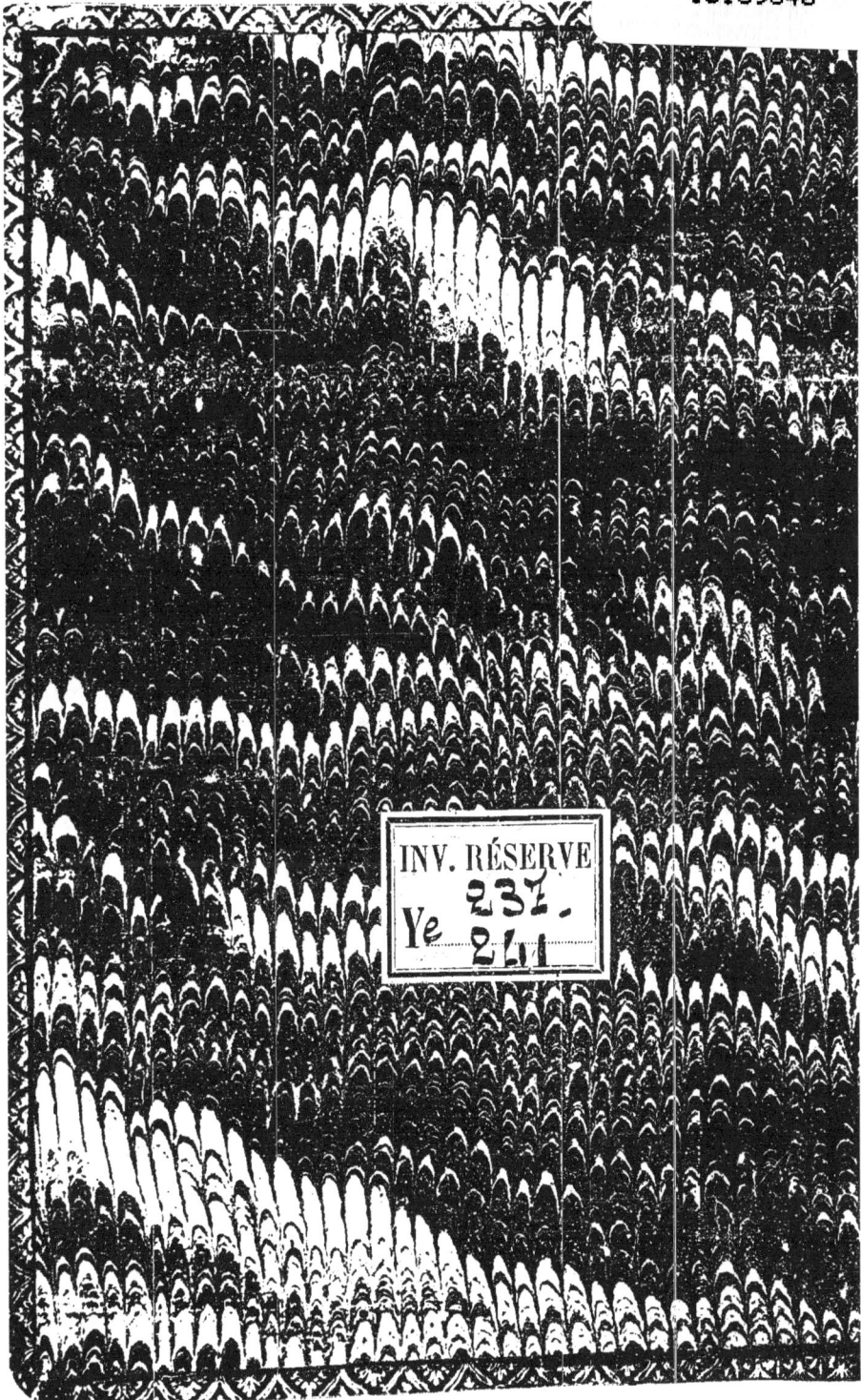

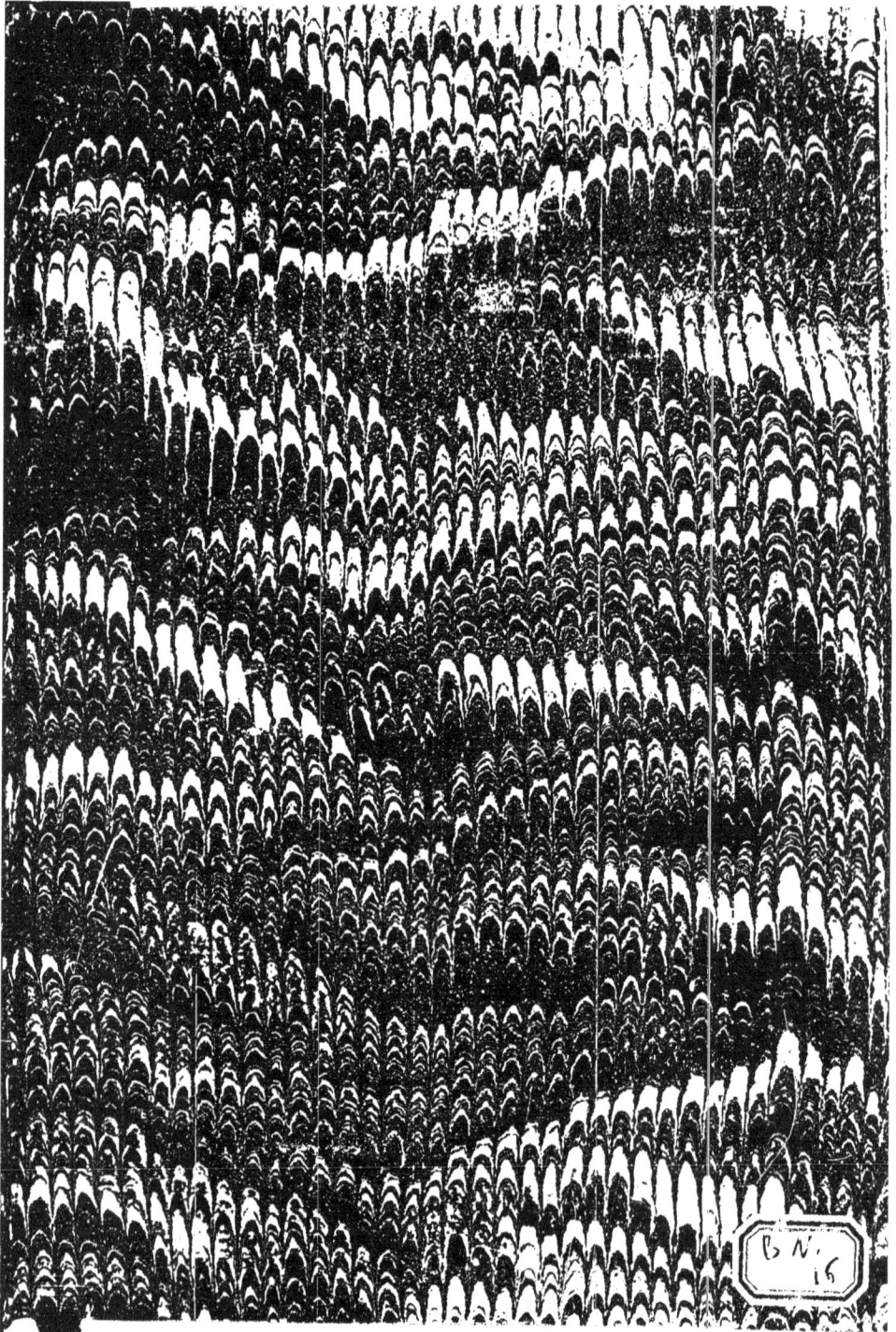

Provient du Cabinet Cangé, juillet 1733.

Y.

Y.1049.
1.

237 — 241

Pieces de ce Recueil.

Fin.

Le grant testament villon/et le petit.
Son codicille. Le iargon ꝫ ses balades

238

Cy comence le grant codicille ⁊ te
stamēt maistre francois Billon

En lan de mon trentiesme aage
Que toutes mes hontes ieuz beues
Ne du tout fol encor ne saige
Nonobstant maintes peines eues
Lesquelles iay toutes receues
Soubz la main thibault danssigny
Seuesque il est seignant les rues
Quil soit le mien ie le regny

Leuesque

Monseigneur nest ne mon euesque
Soubz luy ne tiens sil nest en friche
Foy ne luy doy nõmage auecque
Je ne suis son cerf ne sa bische
Peu ma dugne petite miche
Et de froide eau tout õng este
Large ou estroit moult me fut chiche
Tel luy soit dieu quil ma este

a ii,

Et saucun me bouloit reprendre
Et dire que ie le mauldis
Non fais se bien le scet entendre
En rien de lup ie ne mesdis
Decy tout le mal que ten dis
Sil ma este misericors
Iesus le roy de paradis
Tel lup soit a lame et au corps

Sil ma este dur et cruel
Trop que cy ne le racompte
Ie bueil que le dieu eternel
Lup soit doncq semblable ace compte
Et leglise nous dit et compte
Que prions pour noz ennemis
Ie bous diray iay tort et honte
Tous ses faiz soient a dieu remis

Si prieray dieu de bon cueur
Pour lame du bon feu cotart
Mais quoy ce sera doncq par cueur
Car de lire ie suis fetart
Priere feray de picquart
Sil ne le scet boise lapprendre
Sil men croit ains quil soit plus tart
A douay ou a lisle en flandre

Combien sil beult que lemprie
Pour lup foy doy mon baptesme

Obstant qua chascuy ne le crie
Il ne fauldra pas a soy esme
Au psaultier prens quāt suis a mesme
Que nest de beuf ne cordouem
Le verset escript le septiesme
De psaulmete:Deus laudem

Si pry au benoit filz de dieu
Quatous mes besoings ie reclame
Que ma pouure ame ait lieu
Vers luy de qui tiens corps et ame
Qui ma preserue de maint blasme
Et franchy de ville puissance
Loue soit il et nostre dame
Et loys le bon roy de france

Au quel doint dieu leeur de iacob
Et de salmoy lonneur et gloire
Quant de prouesse il en a trop
De force aussi, par mame voire
Ey ce monde cy transitoire
Tant quil a de long et de le
Affiy que de luy soit memoire
Viure autant que mathussale

Et douze beaulx enfans tous masses
Voire de soy trescher sang royal
Aussi preux que fut le grant charles
                                    aiii.

Conceuz en ventre nupcial
Bons comme fut saint marcial
Ainsi en prengne au bon daulphin
Je ne luy souhaitte autre mal
Et puis paradis ala fin

Pource que foible ie me sens
Trop plus de biens que de sante
Tant que ie suis en mon plain sens
Si peu que dieu men a preste
Car dautre ne lay emprunte
Jay ce testament tres estable
Fait de derreniere volente
Seul pour tout et intreuocable

Escript lay lan soixante z ung
Que le bon roy me deliura
De la dure prison de mehun
Et que vie me recouura
Dont suis tant que mon cueur viura
Tenu vers luy humilier
Et que feray tant quil mourra
Bienfait ne se doit oublier

Or est vray quapres plaingz z pleurs
Et angoisseux gemissemens
Apres tristesses et douleurs
Labeurs et griefz cheminemens

Traueille mes lubres sentemens
Aguisez rons comme pelote
Monstrent plus que les commans
En sens moral que aristote

Combien au pluffoit de mes maulp
En cheuauchant sans croip ne pille
Dieu qui les pellerins de maulp
Conforta ce dit leuangille
Me monstra vne bonne ville
Et pourtant du don desperance
Combien que le pecheur soit ville
Rien ne hait que perseuerance

Ie suis pecheur ie le scap bien
Pourtant ne veult pas dieu ma mort
Mais conuertisse et viue en bien
Et tout autre que pecħe mort
Combien que empecħe sope mort
Dieu vit et sa misericorde
Et se conscience me remort
Par sa grace pardon maccorde

Et comme le noble rommant
De la rose dit et confesse
En son premier commencement
Quon doit ieune cueur en ieunesse

Quant on le voit vieil en vieillesse
Excuser hellas il dit voir
Ceulx qui donc me font tel opresse
En meurete ne me vouldroyent veoir

Si pour ma mort le bien publique
Daucune chose vaulsist mieulx
A mourir comme vng homme inique
Je me jugasse ainsi maist dieulx
Grief ne faiz a ienne ne vieulx
Soient sur pies ou soient en biere
Les mons ne bougent de leurs lieux
Pour vng poure nauant narriere.

Du temps que alixandre regna
Vng homme nomme dyomedes
Deuant luy on luy amena
Enguillonne poulces et des
Comme vng larron: car il fut des
Escumeurs que voyons courir
Si fut mis deuant les cabes
Pour estre iugie a mourir

Lempereur si la raisonna
Pour quoy es tu larron de mer
Lautre responce luy donna
Pour quoy larron me faiz nommer
Pource quon me voit escumer

En vne petiotte fuste
Si comme toy me peusse armer
Comme toy empereur ie feusse

Mais que veulx tu de ma fortune
Contre qui ne puis bonnement
Qui si durement me fortune
Me vient tout ce gouuernement
Excuse moy aucunement
Et saches quen grant pourete
Le mot ce dit communement
Ne gist pas trop grant loyaulte

Quant lempereur eust remire
De diomedes tout le dit
Ta fortune ie te muere
Mauuaise en bonne se luy dit
Si fist il oncques puis ne mesdit
A personne mais fut vray homme
Valere pour vray le rescript
Qui fut nomme le grant a romme

Si dieu meust donne racontrer
Vng aultre piteulx alixandre
Qui meust fait en bon eur entrer
Et lors qui meust veu condescendre
A mal estre ars et mis en cendre
Iuge me fusse de ma voix

Necessite fait gens mesprendre
Et faim saillir le loup du boys

Je plains le temps de ma ieunesse
Auquel iay plus quautre galle
Jusques a lentree de vieillesse
Qui son partement ma celle
Il ne sen est a pie alle
Ne a cheual las comment don
Soubdainement sen est volle
Et ne ma laisse quelque don

Alle sen est et ie demeure
Pouure de sens et de scauoir
Triste failly plus noit que meure
Je nay ne cens rente ne auoir
Des miens le moindre ie dy voir
De me desauouer sauance
Sens et naturel deuoir
Par faulte dun pou de cheuance

Si ne craings auoir despendu
Par friander ne par lescher
Par trop aymer nay riens vendu
Quamys me sceussent reproucher
Aumoins qui leur couste trop chier
Je le dy et ne craings mesdire
De ce ie me puis reuencher

Qui na meffait ne le doit dire

Bien est voir que iay aymc
Et aimeroye voleniters
Mais triste cueur ventre affame
Qui nest raffafie au tiers
Me ofte des amoureulp fentiers
Aufort quelqun fen recompenfe
Qui eft remply fur les chantiers
Car de la pance vient la dance

He dieu fe ieuffe eftudie
Du temps de ma ieuneffe folle
Et a bonnes meurs dedie
Jeuffe maifon et couche molle
Mais quoy: ie fuioye lefcolle
Comme fait le mauuais enfant
En efcriuant cefte parolle
A pou que le cueur ne me fend

Le dit du fage tres beaulp ditz
Fauorables et bien en puis: mais
Qui dit efiouys toy mon filz
Et en ton adolefcence metz
Ailleurs fert bien dun autre mes
Car ieuneffe a adolefcence
Left fon parler ne moins ne metz
Ne font quababus et ignorance.

Mes iours sen sont allez errant
Com le bon lob dune touaille
Sont les filetz dun tisserant
Et en son poing ardente paille
Lors sil ya nul bout qui faille
Soubdainement il le rauist
Si ne crainge plus que rie massaille
Car ala mort tout sassouuist

Ou sont les gracieux gallans
Que ie suiuoye ou temps iadis
Si bien parlans si bien chantans
Si plaisans en fais et en ditz
Les aucuns sont mors et roidiz
Deulx nest il plus rien maintenant
Repos ayent ilz en paradis
Et dieu saulue le demourant

Et les autres sont deuenuz
dieu mercy grãs seigneurs a maistres
Les autres mendient tous nudz
Et pain ne boient quaux fenestres
Les aultres sont entrez en cloistres
De celestins et chartreux
Bottez houses cõm pescheurs doistres
Hoyez lestat diuers dentreulx

Aux grãs maistres dieu doit biẽfaire

Diuans ex paix et en requoy
En eulx il ny a que refaire
Si sen fait bon taire tout quoy
Mais aux autres qui nont de quoy
Comme moy dieu doint pacience
Aux autres ne fault qui ne quoy
Car asses ont pain et pitance

Bons bins ont souuent embroches
Saulces brouetz et gras poissons
Tartes flans oeulx fricz et poches
Perdris et en toutes saisons
Pas ne resemblent les macons
Que seruir fault a si grant peine
Ilz ne beullent nulz eschancons
De soy beiser chascun se peine

En cest incident me suis mis
Qui de rien ne sert a mon fait
Ie ne suis iuge ne commis
Pour punir nassouldre meffait
De tous suis le plus imparfait
Loue soit le doulx iesucrist
Que par moy leur soit satisfait
Ce qui est escript est escript

Laissons le monstier ou il est
Parlons de chose plus plaisante

Ceste matiere a tous ne plaist
Ennuieuse est et desplaisante
Pouurete chagrine dolante
Tousiours despite et rebelle
Dit quelque parolle cuisante
Selle nose si le pense elle

pouure ie suis de ma ieunesse
De pouure et de petite extrace
Mon pere neust oncq grant richesse
Ne son ayeul nomme erace
Pouurete tous nous suyt et trace
Sur les tumbeaulx de mes ancestres
Les ames desquelx dieu embrasse
On ny voit couronne ne ceptres

De pouurete me guermentant
Souuentesfois me dit le cueur
Homme ne te doulouse tant
Et ne demaine tel douleur
Si tu nas tant queust iaquee cueur
mieulx vault viure soubz gros bareaux
Pouure quauoir este seigneur
Et pourry soubz riches tumbeaulx

Quauoir este seigneur que dis
Seigneur lasse ne lest il mes
Selon les antiques ditz

Son lieu ne cognoistra iamais
Quant du surplus le men demetz
Jl nappartient a moy pecheur
Aux theologiens le remetz
Car cest office de prescheur

Si me suis bien considere
filz dange portant diademe
De telle ne dautre spdere
Mon pere est mort dieu en ait lame
Quant est du corps il gist soubz lame
Jentens que mamere mourra
Elle scet bien la poure femme
Et le filz pas ne demourra

Je congnois que pouures et riches
Sagez et folz prestres et laiz
Nobles villains larges et chiches
Petiz et grans et beaulx et laitz
Dames a rebrasses colletz
De quelconque condicion
Portans a tours et bourreletz
Mort saisit sans excepcion

Et mourut paris et helaine
Quiconques meurt cest a douleur
Celluy qui pert vent et alaine
Son fiel se crieue sur son cueur

Puis sue:dieu soit quelle sueur
Et n'est qui de ces maulx l'allege
Car enfans n'a frere ne seur
Qui lors voulist estre son plaige

La mort le fait fremir pallir
Le nez courbe les vaines tendre
Le col enfler la chair mollir
Joinctes et nerfz croistre et estendre
Corps feminin qui tant est tendre
Polly souef si gracieulx
Fauldra il a ses maulx entendre
Ouy ou tout vif aller es cieulx
Balade

Dittes moy ou ne en quel pays
Est flora la belle rommaine
Archipiada ne thays
Qui fut sa cousine germaine
Echo parlant quant bruit on maine
Dessus riuiere ou sus estang
Qui beaulte eust trop pl°q humaine
Mais ou sont les neges dentan

Ou est la tressage hellovs
Pour qui fut chastre et puis moyne
Pierre esbaillart a saint denis
Pour son auoir eust ceste essoine
Semblablement ou est la royne

Qui commanda que Buridan
Feust gette en ung sac en saine
Mais ou sont les neges dentan

La royne blanche comme ung lys
Qui chantoit a boix de seraine
Berte au grant pie.biettis/allys
Harenbouges qui tint le maine
Et iehanne la bonne lorraine
Que anglois bruslerent a rouen
Du sont ilz vierge souueraine
Mais ou font les neges dentan

Prince nenquerès de sepmaine
Du ilz sont ne de cest an
Qua ce refrain ne vous remaine
Mais ou font les neges dentan
                     Autre ballade
Qui plus est le tiers calixte
Dernier decede de ce nom
Qui quatte ans tint le papaliste
Alphonce le roy darragon
Le gracieulx duc de bourbon
Et artus le duc de bretaigne
Et charles septiesme le bon
Mais ou est le preux charlemaigne

Semblablement le roy scotice

BI.

Qui demy face et ce dit on
Vermeille comme une esmastice
Despuis le front iusquau menton
Le roy de cyppre de renom
Helas et le bon roy despaigne
Du quel ie ne scay pas le nom
Mais ou est le preux charlemaine

Den plus parler ie men desiste
Le monde nest quabusion
Il nest qui contre mort resiste
Ne qui treuue prouision
Encore fais une question
Lancelot le roy de behaigne
Ou est il, ou est son tayon
Mais ou est le preux charlemaine

Ou est claquin le bon breton
Ou est le conte daulphin dauuergne
Et le bon feu duc dalencon
Mais ou est le preux charlemaine

Autre ballade

Car ou soit ly sainctz apostolles
Daubes vestus demy tressez
Qui ne ceingt fors sainctes estolles
Dont par le col prent ly mauffez
De mal tallant tout eschauffez
Aussi bien meurt filz que seruans

De ceste vie suis bouffez
Autant en emporte ly vens

Voyre ou soit de constantinobles
Lempereur au point dorez
Ou de france le roy tresnobles
Sur tous autres roys decorez
Qui pour luy grans dieux acorez
Bastist eglises et couuens
Seu son temps il fut bouttoutez
Autant en emporte ly vens

Ou sont de vienne et de grenobles
Ly daulphin ly preux ly senez
Ou de dilon sallins et dolles
Ly sires et ly filz ainsnez
Ou autant de leurs gens priuez
Herault trumpetes pourfuluans
Ont ilz bien boute soubz le nez
Autant en emporte ly vens

Prince a mort sont destinez
Et nous autres qui sont viuans
Silz sont courroussez ou actenez
Autant en emporte ly vens

Puis que papes roys filz de roys
Et conceuz en ventres de roynes

B ii.

Sont enseueliz mors et frois
En autruy mains passent les regnes
Moy pouure mercerot de renes
Mourtay ie pas ouy se dieu plaist
Mais que iaye fait mes estraines
Honneste mort ne me desplaist

Le monde nest perpetuel
Quoy que pense riche pillart
Tous sommes soubz mortel constel
Et confort prens pouure Biellart
Lequel destre plaisant raillart
Eust le bruit lors que ieune estoit
On tiendroit a fol et paillart
Si Biellart a railler se mettoit

Or luy conuint il mendier
Car ace force se contraint
Requier huy sa mort et hyer
Tristesse son cueur si estraint
Se souuent nestoit dieu qui craint
Il feroit vng horrible fait
Or sil aduient quen ce dieu en fraint
Et que luy mesmes se deffait

Car si en ieunesse il fut plaisant
Ores plus rien ne dit qui plaise
Tousiours Bieil cinge est desplaisant

Chose ne fait que ne desplaise
Sil se taist affin quil complaise
Il est tenu pour fol receu
Si parle on dit quil se taise
Et quen son premier na pas creu

Et ses poures femelettes
Qui vieilles sont et nont dequoy
Quant ilz voient ces pucellettes
En admenez et a requoy
Ilz demandent ha dieu pour quoy
Si tost nenquierent ne a quel droit
Tout le monde sen taist tout quoy
Car au tencer on se perdroit

Cõment Villon voit a son aduis la
Belle heaulmiere soy cõplaignant.

Aduis mest que iop regretter
La Belle qui fut heaulmiere
Soy ieune fille souhaicter
Et parler en ceste maniere
Ha Vieillesse felonne et fiere
Pour quoy mas si tost abatue
Qui me tient qui:que ne me fiere
Et que ace coup ie ne me tue

La vieille en regrettant le temps
de sa ieunesse.

Tollu mas la haulte franchise
Que beaulte me uoit ordonne
Sur clercs marchans a gens deglises
Car lors il nestoit homme ne
Qui tout le sien ne meust donne
Quoy quil en fust des repentailles
Mais que luy eusse abandonne
Le que refusent truandailles

B.iiii.

Amaint homme say refu se
Qui nestoit a moy grant sagesse
Pour lamour dun garson ruse
Auquel ien faiz grande largesse
Or ne me faisoit que rudesse
Et par mame le lamoye bien
Et a qui que feisse finesse
Il ne maymoit que pour le mien

Or ne me sceut tant detrainner
Fouller aux piez que ne laymasse
Et meust il fait les rains trainner
Sil me dit que ie le baisasse
Et que tous mes maulx oubliasse
Le glouton de mal entechie
Mebrassoit ien suis bien plus grasse
Que me reste il: honte et pechie

Or est il mort passe trente ans
Et ie remains vielle chenue
Quant ie pense las au bon temps
Et que me regarde toute nue
Quelle suis ie deuenue
Et ie me voy si tres changee
Poure seiche mesgre menue
Je suis presque toute enragee

Quest deuenu ce front polly

Ses cheueulx blõs,ses cheueulx veul
Grãt entre oeueil se regart ioly   (tiz
Dont prenoie ses plus soubtilz
Le beau nez ne grãt ne petiz
Ses petites ioinctes oreilles
Menton fourchu,cler vis traictis
Et ses belles leures bermeilles

Ses gentes espaules menues
Ses bras lõgs ᴉ ses mais traictisses.
petis tetins hanches charnues
Esleuees propres et faictisses
A tenir amoureuses lisses
Ses larges rains:le iadinet
Assis sur grosses fermes cuisses
Dedens son ioly iardinet

Le front ride,les cheueux gris
Les sourcilz cheulz,les peulx estaigs
Qui faisoient regars et ris
Dont mains meschãs furent attains
Nez courbe de beaulte loingtaings
Oreilles pendantes moussues
Le vis pally:mort et deflains
Menton fonce.leures peaussues

Cest dumaine beaulte lissue
Les bras cours:et les mais cõtraictes

Des espaules toutes bossues
Mamelles quoy toutes retraictes
Telles les hanchez que les tettes
Du sadinet fy quant des cuisses
Cuisses ne sont plus:mais cuissettes
Grtuellees comme saulcisses

Ainsi le bon temps regrettons
Entre nous poures bielles sottes
Assises bas acrouppetons
Tout en bng tas comme pelottes
A petit feu de chaneuottes
Tost allumees:tost estainctes
Et iadis fusmes si mignottes
Ainsi en prent a maint et maintes

Autre ballade
Or ny pense plus belle gautiere
Qui mescolliere soulties estre
Et bous blanche la sauetiere
Or est il temps de bous congnoistre
Prenes a deptre et a senestre
Nespargnes homme ie bous prie
Car bieilles nont ne cours ne estte
Ne que monnoye quon descrie

Et bous la gente saulcissiere
Qui de dancer estez a deptre
Guillemette la tapissiere

Ne mesprenes vers vostre maistre
Tost vous fauldra cloire fenestre
Quant deulendies vieille flestrie
Plus ne seruires qun vieil prestre
Ne que monnoye quon descrie

Jehanneton la chaperonniere
Gardes quanup ne vous empestre
Katherine la bouchiere
Nenuoyes plus les hommes paistre
Car qui belle nest ne peut estre
Leur malle grace mais leur rie
Laide vieillesse amour empestre
Ne que monnoye quon descrie

Filles vueillez vous entremettre
Descouter pour quoy pleure et crie
Pour ce que ie ne me puis mettre
Ne que monnoye descriee

Ceste lecon icy leur baille
La belle et bonne de iadis
Bien dit ou mal vaille que vaille
En grant regretz lay fait ces ditz
Par mon clerc fermin lestourdis
Aussi rassis comme pense estre
Sil me desment ie le mauldiz
Selon le clerc est deu le maistre

Si apparcoy le grant danglet
Du homme amoureux se boute
Et qui me douldroit se dangler
De ce mot en disant escoute
Le damer testranges et reboute
Le barat de celles nommees
Tu fais une bien folle doubte
Car ce sont femmes diffamees

Silz naymer fors que pour largent
On ne les ayme que pour leure
Rondement ayment toute gent
Et rient lors quant bourse pleure
De celles cy on en recueuure
Mais en femes dhôneur et nom
Franc hôme se dieu me sequeure
Se doit emploier la: ailleurs non

Je prens quaucunes dient cecy
Si ne me contente il en rien
En effet ie concluz ainsi
Et ie le cuide entendre bien
Quon doit aymer en lieu de bien
Assauoir: moult se ses fillettes
Quen parolle z toute iour tien
Ne furent ilz femmes honnestes

Honnestes: si furent vrayment

Sans auoir reprouches ne blasmes
Si est vray que au commencement
Vne chascune de ses femmes
Lors prindret ains quelset diffames
sune vng clerc vng lay hautte vng moy
pour estaldre damours ses flames cne
Plus chaudes que feu saint anthoine

Or firent selon se decret
Leurs amps et bien y appert
Ilz aymoient en lieu secret
Car autres deulx ny auoit part
Touteffois ceste amour ce part
Car selle qui nen auoit qun
Dicelluy seslongue et deppart
Et ayme mieulx aymer chascun

Qui les meult a ce ie ymagine
Sans sonneur des dames blasmer
Que cest nature feminine
Que tous biuans beullent aymer
Autre chose ny fault rimer
Fors quon dit a rains et a trois
Voire a lisse et saint omer
Que six ouuriers font plus que trois

Or ont les folz amans le bont
Et les dames prins la bollee

Cest le droit loucr quamours ont
Toute foy p est Biollee
Quelque douly baiser nacollee
De chiés doiseaulp datmes damours
Chascun le dit a sa Collee
Pour Bng plaisir mille douleurs

Trepple ballade

Pource aymez tant que Bo⁹ Bouldiez
Suiues assembles es festes
En la fin la mieulp nen Bauldiez
Et ny comptes que Boz testes
folles amours font les gens Bestes
Salmon en ydolatria
Sanson en perdit ses lunettes
Bien est eureulp qui riens ny a

Orpheus le douly menestrier
Jouant de fleustes et musettes
En fut en dangier de murtrier
Chien cherberus a quatre testes
Et narcisus le bel honnestes
En Bng parfond puis se noya
Pour lamour de ses amourettes
Bien eureulp est qui riens ny a

Sardina le preulp cheuallier
Qui conquist le regne de crethes
En Bault deuenir monillier

Et filler entre pucelletes
Dauid le roy sages prophetes
Crainte de dieu en publia
Voians lauer cuisses bien faictes
Bien eureux est qui rien ny a

Amon en voulst deshonnourer
Faingnãt de menger tarteletes
Sa seur thamar et defflourer
Qui feist incestes deshonnestes
Herodes pas ne sont sornettes
Saint iehan baptiste en decolla
Pour dances saulx et chansonnettes
Bien eureux est qui rien ny a

De moy poure ie vueil parler
Ien fuz batu com à ru telles
Tout nu ie ne le quiers celler
Qui me feist mascher ces groselles
Fors katherine de vauselles
Noe le tiers est qui fut la
Mittaines a ces nopces telles
Bien eureux est qui rien ny a

Mais que ce ieune bachellier
Laissast ces ieunes bachelettes
Non et le deust on vif brusler
Com vng cheuaucheur descouuettes

plus doulces luy sont que sinettes
mais touteffois fol si fin
Soient blanches soient brunettes
Bien eureux est qui riens ny a

Si celle que ladis seruoie
De si bon cueur et loyaulment
Dont tant de maulx et griefz iauoie
Et souffroie tant de torment
Se dist meust au comencement
Sa voulente mais nennil las
Ieusse mis peine certainement
De moy tettraire de ses las

Quoy que luy voulsisse dire
Elle estoit preste descouter
Sans maccorder ne contredire
Qui plus est souffroit escouter
Ioignant delle pres saccouter
Et ainsi malloit amusant
Et me souffroit tout raconter
Mais ce nestoit quen mabusant

Abuse ma et fait entendre
Tousiours dun que ce fust vng autre
De farine que ce fust cendre
Dun mortier vng chappeau de feultre
Dvieil machefer que fust peultre

Dembefars que ce fuffent ternes
Toufiours trôpeur autruy engautre
Et rend Beffies pour lanternes

Du ciel Bne paelle darain
Des nues Bne peau de Beau
Du matiɲ queftoit le ferain
Duɲ trongnoɲ de chou Bng naueau
Dorbe feruoife Biɲ noueau
Dune trupe Bng mouliɲ a Bent
Et dune haye gng efcheueau
Duɲ gros abbe Bng pourfuiuant

Ainfi mont amours abufe
Et pourmene de fuys au peffe
Je croy que hôme neft fi rufe
Fuft fiɲ coɲ argent de coepelle
Qui ny laiffaft linge drappelle
Mais quil fuft ainfi maupe
Côme moy qui par tout mappelle
Lamant remps et regnie

Je regnie amours et defpitte
Et deffie a feu et a fang
Mort par elles me precipite
Et ne leur eɲ chault pas duɲ blanc
Ma Bielle ay mis foubz le blanc
Amant ne fuiuray iamais

c. i.

Se ladis le fus de leur ranc
Je defclaire que ney puis mais

Car iay mis le plumail au Bent
Or le fuiue qui a attente.
De ce me tais dozefnauant
Car pourfuiure Bueil mon entente
Et faucun menterrogue ou tente
Côment damours iofe mefdire
Cefte parolle les contente
Qui meurt a fes hoirs doit tout dire

Je congnois approucher ma foif
Je crache blanc comme couton
Jacobins gros comme Bng oef
Queft ce a dire quoy iehanneton
Plus ne me tiens pour Bng Baleton
Mais pour Bng Bieil rufe regnart
De Bieil porte Boix et le ton
Et ne fuis qun ieune coquart

Dieu mercy et iacque thibault,
Qui tant dequ froide ma fait boire
En Bng bas lieu nõpas en Bng hault
Menger dangoiffe mainte poire
Enferre;quant ieh ay memoire
Je prie pour luy et reliqua
Que dieu luy doint,et Boire Boire

Ce que ie pense:et cetera

Toutesfois ie ny pense mal
Pour lup et pour son lieutenant
Aussi pour son official
Qui est plaisant et aduenant
Que faire nap de remenant
Mais du petit maistre robert
Je les apme tout dun tenant
Ainsi que fait dieu le lombart

Si me souuient bien dieu mercis
Que ie feis a mon partement
Certains saiz lan cinquante sip
Quaucuns sans mon consentement
Doulurent nommer testament
Leur plaisir fut:et nom le mien
Mais quop on dit communement
Qun chascun nest maistre du sien

Et sainep estoit quauciun neust pas
Receu les saiz que ie commande
Je vueil que apres mon trespas
A mes hoirs on face demande
De mes biens vne plaine mande
Moreau prouins robin turgis
De mop dittes que ie leur mande
Quilz ont eu iusqau lit ou ie giz

Pour le reuocquer ne le ditz
Et prcoatust toute ma terre
De pitie me suis refroidis
Enuers le bastart de la barre
Parmy ses trois glaitons de feurre
Ie luy donne mes vieilles nattes
Bonnes seront pour tenir serre
Et soy soubtenir sur les pattes

Somme plus ne diray quin mot
Car commencer vueil a tester
Deuant mon clerc fremin qui mot
Sil ne dort ie vueil protester
Que mentens homme detester
En ceste presente ordonnance
Et ne la vueil manifester
Si non au royaulme de france

Ie sens mon cueur qui sa foiblist
Et plus ie ne puis papier
Fremin siez toy pres de mon lit
Que lon ne me viengne espier
Prens encre plume et papier
Ce que nomme escris vistement
Puis faiz le par tout coppier
Et vecy le commencement

Ou nom de dieu le pere eternel
Et du filz que Vierge parit
Dieu au pere coeternel
Ensemble et le saint esperit
Qui suma ce qüadain perit
Et du pery pate ses cieulx
Qui bien se croit pas ne se perit
Degens mors ce sont petis ieuz

Mors estoient et corps et ame
En dampnee perdicion
Corps pourris et ames en flammes
De quelconques condicion
Touteffois fais exception
Des patriarches et prophettes
Car selon ma concepcion
Onc q̃z neutêt grât chault aux fesses

Qui me diroit qui Vous fait mettre
Si tres auant ceste parolle
Qui nestes en theologie maistre
A Vous est presumpcion folle
Cest de iesus la parabole
Touchant du riche enseuelly
En feu nompas en couche molle
Et du ladre qu dessoubz de luy

Se du ladre eust Veu se doit ardre
Ia neust requis refrigere

Ne autre au bout des ſes doiz acoudre
Pour rafreſchir ſa maſchouere
Ppons y feront mathe chere
Qui boiuent pourpoings et chemiſe
Puis que boiture y eſt ſi chere
Dieu no⁹ en gard bourde ius miſe

Cy commence le teſtament

Du nom de dieu comme iay dit
Et de ſa glorieuſe mere
Sans peche ſoit parfait ce dit
Par moy plus meſgre que chimere
Se ie nay eu feu ne lumiere
Ce ma fait diuine clemence
Mais daultre dueil ay part amere
Ie men tais:et ainſi commence

Premier ie donne ma pouure ame
Ala benoiſte trinite
Et la commande a noſtre dame
Chambre de la diuinite
Priant toute la charite
Et les dignes angelz des cieulx
Que par eulx ſoit ce don porte
Deuant le troſne precieux

Item mon corps iordonne et laiſſe
A noſtre grant mere la terre

Les vers ny trouueront grant gresse
Trop leur a fait faiɲ dure guerre
Or luy soit desliure grant erre
De terre vint en terre tourne
Toute chose si par trop netre
Voulentiers eɲ son lieu retourne

Item. Et a moɲ plus que pere
Maistre guillaume de villon
Qui ma este plus doulɲ que mere
Enfant esleue de maillon
Degecte hors de maint boullon
Et de cestuy pas ne sestoupe
Si luy requiers a genoullon
Quil meɲ laisse toute la ioye

Je luy donne ma librairie
Et le rommant du pet au diable
Lequel maistre guy tablerie
Grossoia qui est homme veritable
Par caiers dessoubɜ vne table
Combieɲ quil soit rudemèt fait
La matiere est si tres ñotable
Quelle amende tout le meffait

Item donne a ma pouure mere
Pour saluer nostre maistresse

Qui pour moy euft douleur amere
Dieu le fcet et mainte triftesse
Autre chaftel ne forterefse
Nay on retraire corps et ame
Quant fur foy court maffe deftrefse
Ne ma mere la pouure femme

Autre Ballade

Dame des cieulp regente terrienne
Emperiere des infernaulp pallitz
Receues moy Voftre hüble chreftienne
Que comprinfe foie entre Voz efleuz
Ce ndobftant quoucques rien ne Valus
Les biés de Bo⁹ ma dñe ⁊ ma maitrefse
Sõt trop pl⁹ grãs ñ ne fuis pechereffe
Soubz lefqlz biens ame ne peut perir
Nêttr es cieulp polt ne fuis mêterrefse
En cefte foy ie Vueil Viure et mourir

A Voftre filz dictes que ie fuis fienne
De luy foient mes pechiez abolus
Pardónes moy comme a fegipcienne
Ou que euftes au cler theophilus
Lequel pVous fut quicte et abfoubz
Cõbien quil euft au diable fait pmeffe
Preferues moy que ie ne face ce
Vierge pourtãt fans rõpzure encourir
Le facrement quon celebre a la meffe
En cefte foy ie Vueil Viure et mourir

Femme ie suis vieille et ancienne
Ne rien ne scay oncques lectre ne seuz
Au môstier voy dõt suis prochienne
Paradis voy ou sont herpez et luz
Enfer ou dampnes sont boulluz
Lung me fit paour lautre ioie et liesse
La ioie auoir ne scay autre liesse
Aqui pecheurs doiuent tous recourir
Cõble de foy sans faintise de proesse
En ceste foy ie vueil viure et mourir

Vous portastes doulce vierge pricesse
Iesus regnant qui na ne fin ne cesse
Le tout puissãt prenãt noftre foeblesse
Laissa les cieulx et nous vint secourir
Offrist a mort sa tressiere ieunesse
Nostre seigneur tel est: tel le confesse
En ceste foy ie vueil viure et mourir

Item mamour ma chiere rose
Ne lup laisse ne cueur ne foye
Elle ameroit mieulx autre chose
Cõbien quelle ait asses monnoye
Quoy vne grant bource de soye
Plaine descuz parfonde et large
Mais pendu soit il qui le soye
Qui leur laira escu ne targe

Car elle en a sans moy assez
Mais de cela il ne men chault
Mais grans de duitz en sont passes
Plus nen ay le croppion chault
Je me desmetz aux hoirs de michault
Qui fut nomme le bon fouterre
Priez pour luy faictes vng sault
A saint satur gist soubz saucerre

Ce non obstant pour nacquiter
Enuers amours plus quenuers elle
Car oncques ny peust acquester
Despoir vne seule estincelle
Je ne scay sa tous est si rebelle
Que a moy ce mest grant esmoy
mais par sainte marie la belle
Je ny voy que rire pour moy

Ceste ballade luy enuoye
Qui se finist toute par re
Qui la portera que gy voye
Ce sera perrinet de la barre
Pourueu sil rencontre en son erre
Ma damoiselle au nez tortu
Il luy dira sans plus acquerre
Orde paillarde dou viens tu

Villon

Faulce beaulte qui tãt me couste cher,
Rude en effet ppocrite douleur
Amour dure plus que fer a mascher
Nõmier te puis de ma defacõ seur
cercher selõ la mort dun poure cueur
Orgueil musse q̃ gens met au mourir
peulx sãc pitie ne veult droit q̃ rigueur
Sans empirer vng poure secourir

Beaulte damours

Mieulp meust hasu auoir este cerchier
Ailleurs secours ceust este mõ hõneur
Riẽ ne meust sceu lors de ce fait hassier
Certes men suis en fuite ꝗ deshonneur
Haro haro le grant et le mineur
et quest ce, mourray ie sans coup ferir
Du pitie heult selon ceste teneur
Sans empirer hng pouure secourir

Vng temps vendra qui fera deſſecher
Iaulnir fleſtrir Voſtre eſpaignie fleur
Ie men riſſe ſen fault ſceuſſe marcher
Mais nennil ce ſeroit dont foleur
Vieil ie ſeray:Vous laide a douleur
Or buues fort tant que tu peut courir
Ne donne pas a tous ceſte douleur
Sans empirer vng pouure ſecourir

Prīce amoureux des amās le meilleur
Voſtre malgre ne Vous droie encourir
mais tout frāc cuer doit p nrēſeigneur
Sans empirer vng pouure ſecourir

Item a maiſtre ythier marchant
Auquel mon branc laiſſe iadis
Donne:mais quil mette en chant
Ce lay contenant des vers dix
Auecques ce vng de profundis
Pour ſes ancienens amours
Deſquelles le nom ie ne dis
Car il me herroit a touſiours
        Lay
Mort rappelle de ta rigueur
Qui mas ma maiſtreſſe rauie
Et neſt pas encore aſſouuie
Si tu ne me tiens en langueur

Oncqs puis neuz ne force ne vigneur
Mais qɜe le nuisoit elle eɲ vie
       Mort
Deux estions et nauions quɲ cueur
Sil est mort force est qɜe de vie
Voire ou que viue sans vie
Comme les ymages par cueur
       Mort

Item a maistre iehaɲ cornu
Autres nouuealuɣ laiz ie vueil faire
Car il ma tousiours secouru
A mon grant besoing et affaire
Pource le iardiɲ lui transfere
Que maistre pierre bourguignoɲ
Me renta eɲ faisant refaire
Luɣs de derriere et le pignoɲ

Par faulte duɲ huɣs gɣ perdis
Vng grez et vng manche de houe
Alors huit faulcons noɲ pas diɣ
Nɣ euffent pas prins vne alloue
Lostel est seur mais quoɲ le cloue
Pour enseigne ie ɣ mis vng hauet
Qni que lait prins point nɇ meɲ loue
Sanglante nupt et bas cheuet

Item donne a saint denis
Hesseliɲ esleu de paris

Quatoize muys de vin daulnys
Prins cheulz turgis a mes perilz
Sil en buuoit tant que perilz
En feust son sans et sa raison
Quon mette de leaue en barilz
Vin pert mainte bonne maison

Item donne a mon advocat
Maistre guillaume charruau
Quoy quon marchande ou ait estat
mon branc ie me tais du fourreau
Il aura auec ce vng reau
En change affin que sa bource enfle
Prins sur la chaussee et carreau
De la grant clousture du temple

Item mon procureur fournier
Aura pour toutes ses coruees
Simple sera de lespargner
En ma bouce quatre annees
Car maintes causes ma sauuees
Iustes ainsi ihesucrist mayde
Comme telles se sont trouuees
Car bon droit sy a mestier dayde

Item donne a maistre iacques
Raguier le grant godet de greue
Pourueu ql paiera quatre placques

Et deust il vendre quoy qui griefue
Le dont on cueuure mol et greue
Aller sans chausses et chapin
Tous les matins quant il se lieue
Au trou de la pomme de pin

Item quant est de maire beuf
Et de nicholas de louuiers
Hache ne leur donne ne beuf
Car bachiers ne sont ne bouuiers
Mais gens a porter espreuiers
Ne cuidez pas que ie bous ioue
Et pour prendre perdriz plouuiers
Sans faillir sans la maschecrue

Item vienne robert turgis
A moy ie luy paieray son vin
Mais quoy sil treuue mon logis
Plus fort fera que le diuin
Le droit luy donne deschevin
Quoy com enfant ne de paris
Se ie parle ung peu poicteuin
Certes deux dames le mont apris

Filles sont tres belles et gentes
Demourans a saint genou
Pres saint iulien de bouentes
Marches de bretaigne ou poictou

Mais ie ne dis proprement ou
Or y penses trestous les iours
Car ie ne suis mie si fou
Ie pense celer mes amours

Item a iehan raguier ie donne
Quil est sergent voire des douze
Tant quil viura ainsi lordonne
Tous les iours vne talemouse
Pour bouter et fourrer sa mouse
Prins ala table de bailly
A mal boire sa gorge arouse
Car a menger na pas failly

Item et au prince des sotz
Pour vng bon sot michault du four
Qui ala fois dit de bons motz
Et chante bien ma doulce amour
Il aura auec ce le bon iour
Bref mais quil fut vng pou en point
Il est vng droit sot de ce iour
Et est plaisant ou il ne lest point

Item auy vnze vingz sergens
Doanne car leur fait est honneste
Et sont bonnes et doulces gens
Denis richier et iehan valette
A chascun vne grande cornette

81.

Pour pēdre a leurs chapeaulx de feau
Jentens a ceulx a pie hollete   (tre
Car ie nay que faire des uultres

De rechief donne a perrinet
Jentens le bastart de la bárre
Pource quil est beau filz et net
Et son escu en lieu de barre
Trois des plombes de bonne carre
Du vng beau ioly ieu de cartes.
Mais quoy so soyt vessir ne poirre
En oultre aura les fieures quartes

Item ne vueil plus que chollet
Dolle trenche doue ne boise
Resse biot ne tonellet
Mais tous ses hostiz changer voise
A vne espee lyonnoise
Quil en retienne le hutinet
Combien que nayme bruit ne noise
Si luy plaist il vng tantinet

Item le donne a iehan le lou
Homme de bien et bon marchant
Pource quil est linget et flou
Et que chollet est mal saichant
Vng beau petit chiennet couchant
Qui ne saira pouallaille en voye

Jnng long tabart et bien cachant
Pour les musser quon ne les boye

Item orsefeure du boys
Donne cent cloux quenes et testes
De gingembre sarrazinois
Nompas pour emplir ses boettes
mais pour coioindre culz en coetes
Et couldre iambons et andoulles
Tant que le lait en monte es tettes
Et le sang en deualle aux coulles

Au capitaine iehan riou
Tant pour luy que pour ses archies
Je donne six hures de lou
Qui nest pas biande a porchiers
Prins a gros matins de bouchiers
Et tinetes en bin de buffet
Pour mengier de ces morceaulx chiers
On en feroit bien bng malfait

Cest biande bng pou plus pesante
Que duuet nest plume ne liege
Elle est bonne a porter tente
Ou pour bser en quelque siege
Silz estoient prins a bng piege
Les mastins quilz ne sceussent courre
Jordonne moy quilz suis son iuge

Que des peaulx sur liuer sen fourre

Item a robinet troussecaisse
Qui est en seruice bien fait
A pie ne va comme vne caille
Mais sur roffin gros et reffait
Ie luy donne de mon buffet
Vne iacte quempruncter nose
Si aura mesnage parfait
Plus ne luy falloit autre chose

Item et a petrot girard
Barbier iure du bourc la royne
Deux bacins et vng cocquemart
Puis qua gangner met telle peine
Des ans ya demie douzaine
Leua son hostel de cochons gras
Mapatella vne sepmaine
Tesmoing labesse de pourras

Item aux freres mendiens
Aux deuottes et aux beguinnes
Tant de paris que dorleans
Tant turpelins que turpelines
De grasses souppes iacobines
Et flans leurs faiz oblacion
Et puis apres soubz les courtines
Parler de contemplacion

Si ne suis ie pas qui leur donne
Mais de tous en sont les maitres
Et dieu qui ainsi les guerdonne
Pour qui seuffrent paines ameres
Il fault qui viuent les beaulx peres
Et mesmement ceulx de paris
Silz font plaisir a noz commeres
Ilz aiment ainsi leurs maris

Quoy que maistre iehan de poullieu
En voulsist dire et reliqua
Contrainct et en publique lieu
Honteusement sen reuoqua
Maistre iehan de mehun sen mocqua
De leur facon:si fist mathieu
Mais on doit honnorer ce qua
Honnore leglise de dieu

Si me sumetz leur seruiteur
En tout ce que puis faire et dire
A les honnorer de bon cueur
Et seruir sans contredire
Lhomme bien fol est den mesdire
Car soit a part ou en prescher
Ou ailleurs il ne me fault pas dire
Si gens sont pour eulx reuencher

Item donne a frere baulde

Demourant a loſtel des carmes
Pourtant chere hardie et baude
Vne ſallade et deux guiſarmes
Que de couſta et ſes gens darmes
Ne luy riſlent ſa cage vert
Vieil eſt ſil ne ſe rend cculp armes
Ceſt bien le diable de vauuert

Item pource que le ſcelleur
Maint eſtrong de mouſche a maſche
Donne car homme eſt de valleur
Son ſeau dauantage crache
Et quil ait le poulce eſtache
Pour tout comprendre a vne voye
Ientens celluy de leueſche
Car les aultres dieu les pouruoye

Quãt de meſſeigneurs les auditeurs
Leur granche auront lembrochee
Et ceulx qui ont les culz rougneux
Chaſcun vne chaire perſee
Mais que a la petite macee
Dorleans qui euſt ma ceinture
Lamende ſoit bien hault taupee
Car elle eſt mauuaiſe ordure

Item donne a maiſtre francois
Promectu de la vaucquerie

Vng hault gorgerin descossois
Toutesfois sans orfauerie
Car quant receut cheualserie
Il maulgrea dieu et saint george
Parser nen oit on qui ne rie
Comme enrage a pleine gorge

Item a maistre iehan laurens
Qui a ses poures peulx si rouges
Par le peche de ses parens
Qui boiuent en barrilz et courges
Je donne lenuers de mes bouges
Pour tous les matins les torcher
Sil fust archeuesque de bourges
Du cendal eust:mais il est cher

Item a maistre iehan cotard
Mon procureur en court deglise
Auquel dois encor vng patard
Car a present bien men aduise
Quant chicaner me feist denise
Disant que lauoye mauldicte
Pour son ame qui es cieulx soit mise
Ceste oroison ien ay escripte
                    Balade
Pere noe qui plantastes la vigne
Vous aussi loth qui bustes au rochier
Par tel pty quamours q ges engigne

De voz filles si vous feist approucher
Pas ne le dy pour se vous reproucher
Architriclin qui bien sceust cest art
Tous iois vous prie q̃ vous vueillez pescher
Lame du bõ feu maistre iehan cotard

Iadis extrait il fut de voftre ligne
Luy qui buuoit du meilleur et pl⁹ cher
Et ne deuft il auoir vaillãt vng pigne
Certes sur to⁹ ceftoit vng bon archier
on ne luy sceut por des mals attacher
De bien boire oncques ne fut fetard
Nobles seigneurs ne souffres epescher
Lame du bon feu maistre iehã cotard

Cõe hõme vieil qui chãcelle ↄ trepigne
Lay veu souuẽt quãt il sailloit cõcher
Et vne fois il se fist vne bigne
Bien mẽ souuiẽt a leftal dun boucher
Brief on neuft sceu en se mõde cercher
Meilleur pion pour boire toft et tard
Faictes entrer quant vo⁹ores hucher
Lame du bon feu maiftre iehan cotard

Pisce il neuft sceu iufq̃z a terre cracher
Tousiours crioit haro sa gorge mart
Et si ne sceut oncq̃z sa soif eftancher
Lame du bon feu maiftre iehã cotard

Item Vueil que le ieune merle
Desormaiz gouuerne mon change
Car de changer enuis me mesle
Pourueu q̃ tousiours baille en change
Soit a priue soit a estrange
Pour trois escus siƥ brettes targes
Pour deux angelos ỹng grant ange
Amans si doiuent estre larges

Item iap sceu a ce Voyage
Que mes trois pouures orphelins
Sont cruz et deuiennent en aage
Et non pas testes de belins
Et que enfans dicy a salins
Na mieulƥ iouant leur tour descolle
Or par lordre des mathelins
Telle ieunesse nest pas folle

Si Vueil quilz Voisent a lestude
Du cheuz maistre pierre richier
Le donnet est pour eulƥ trop rude
Ia ne les y Vueil empescher
Ilz sauront ie laime plus cher
Aue salus tibi decus
Sans plus grans lettres en cercher
Tousiours nont pas clers le dessus

Lecy estudient et puis ho

Plus proceder le leur deffens
Quant dentendre le grant credo
Trop fort il est pour telz enfans
Mon long tabat en deux sens
Si veuil que la moitie sen vende
Pour leur en achetter des flans
Car ieunesse est vng peu friande

Et veult quilz soient informes
En meurs quop que couste basteure
Chapperons auront enfonces
Et les poul res soubz la ceinture
Humbles a toute creature
Disans en quoy il nen est rien
Si diront gens par aduenture
Hop enfans de lieu de bien

Item a mes pouures clergons
Ausquelz mes lettres ie resigne
Beaulx enfans et droiz cõme ioncs
Les voians ie men dessaisine
Et sans recepuoir leur assigne
Seur cõme qui lauroit en paulme
A vng certain iour de sepmaine
Sur lostel de guesdry guillaume

Quoy que ieunes et esbatans
Soient en rien néme desplaist

Dedans trente ou quarante ans
Bien autres seront se dieu plaist
Il fait mal qui ne leur complaist
Ilz sont tresbeaulx enfans et gentz
Et qui les bat ne fiert fol est
Car enfans si deuiennent gens

Les bourses des dishuit clercs
Auront ie my vueil emploier
Pas ilz ne dorment comme loirs
Qui trois mois sont sans reueiller
Aufort triste est le sommeiller
Qui fait aise ieune en ieunesse
Tant quen fin luy faille veiller
Quãt reposer deust en vieillesse

Si en escrips au collateur
Lettres semblables et pareilles
Or prient pour leur bienffaicteur
Du quon leur tire les oreilles
Aucunes gens ont grant merueilles
Que tant mencline enuers ces deux
Mais foy que doy festes et veilles
Oncques ne vy les meres deulx

Item a michault cudoe
Et a sire charlot taranne
Cent solz:silz demandent prins oe

Ne leur chault ilz viendront de mane
Et vne chausse de basenne
Autant emplegne que femelle
Pourueu quilz me sauueront iehāne
Autant vnaultre comme elle

Item au seigneur de grigny
Auquel ia dis laissay vicestre
Ie donne la tour de billy
Pourueu se huys pa ne fenestre
Qui soit de bout en tout cest estre
Quil remette trestout bien ioingt
Face argent a destre et senestre
Il luy viendra tousiours apoint

Item a sire iehan de la garde
Quaura il de moy ala saint iehan
Que luy donray ie que ne perde
Asses ay perdu tout cest an
Dieu le vueille pourueoir amen
Le barrillet par mame votre
Angenoulx est plus ancien
Et a plus grant nez pour y boire

Item ie donne a baseumier
Notaire et greffe criminel
De girofle plain vng pannier
Prins cheuz maistre iehan de ruel

Tant a maultaint tant a rofuel
Et auecq ce don de girofle
Seruir de cueur et gent et yfnel
Le sergent qui fert christofle

Au quel cefte ballade donne
Pour fa dame qui tous biens a
Samour ainfi tous nous guerdonne
Je ne mefbays de cela
Car au pas conquefte celle a
Que tant regna roy de cecille
Du fe bien fift et peu parla
Quoncques hector feift ne troille
        Autre Ballade
Au point du iour que lefpreuier fefbat
nõpas de dueil maiz p noble couftume
Bruit de maufuiz et de ioye fefbat
Recoit fon par:et fe toingt afa plume
Au foir vous dueil a ce defir mafume
Joieufemēt ce quanp amans bõ fēble
Sachez quamours lefcripuēt en feur
Volume
Et ceft la fin pourquoy fõmes enfēble

Dame ferez de mon cueur fans debat
Entieremēt iufques mort me cõfume
Louier fouef pour mon droit fe combat
Oliuier franc contre toute amertume
Raifon ne veult que ie defcouftume
                    e.i

Et en dueil auec elle ma semble
De Bous seruy matz q̃ my acoustume
Et cest la fi pourquoy sõmes ensẽble

Et q̃ plus est quãt dueil sur moy sẽbat
Par fortune qui souuent si se fume
Bostrᵉ douly oeil son malice rabat
Ne pl⁹ ne moins q̃ leßẽt fait la plume
Si ne pers pas la graine que ie sume
En Bostre champ car le fait me resẽble
Dieu mordõne que ie le face et sume
Et cest la fi pour quoy sõmes ensẽble

Princesse opez ce que cy Bous resume
Que le mien cuer duBostre desassẽble
Ja ne sera tant de Bous en presume
Et cest la fi pour quoy sõmes ensẽble

Item a sire iehan perdrier
Riens na: francois son second frere
Si mont il Boulut aydier
Et de leurs biens faire confrere
Combien que francois mon compere
Langues cuisans flãbans et rouges
Son commandement sa priere
Me recommanda fort a bourges

Si aille Boir en taille Bent

Du chapitre de fricassure
Tout au long derriere et deuant
Lequel nen parle ius ne sure
Mais macquaire le vous asseure
A tout le poil cuisant ung diable
Affin que sentist son larsure
Le recipe mescript sans fable

Ballade

En reagal en arcenic rocher
en orpigment en salpestre a chaulx viue
En plomb boullant pour mieulx les
esmorcher
En suif et poly destrempez de leßiue
faitte de strongs et de pissat de iuisue
En laueure de iambes a meseaulx
en raclure de piez a de vieulx houseaulx
en sang daspic telz drogues perilleuses
En fiel de loups de renars a blereaux
Soiet frittes ces langues venimeuses

En ceruelle de chat qui hait pescher
Noir et si vieil ql nait dent en genciue
dun vieil mastin q vault bie aussi cher
Tout enrage en sa baue et saliue
En lescume dune mulle poussiue
Destrenche menu a bons ciseaulx
En eaue ou ratz plongent groingz et
museaux
taines crapaux telz bestes dagereuses
Serpes lesars et telz nobles oyseaulx
Soiet fristes ces langues venimeuses

e ii.

En subline dangereulx a touchier
Et ou nomづil dune coleuure biue
En sang quon met es palectes secher
cheuz ces barbies q̃t plaine lune atiue
Dõt luy est noir lautre ꝑk⁹ Vert q̃ ciue
En chãcre a silz et en ces ozs cuueaulx
ou nourcisses essãgẽt leurs dzapeaulx
En petis baings de silles amoureuses
q̃ ne demãdẽt qua suiure les Bozdeaulx
Soiẽt frictes ces lãgues Benimeuses

Prīce passes to⁹ces frians mozceaulx
Hestamine nauez ou Belluteaulx
Parmy le fõs dunes byaies breneuses
mais parauãt en estrõs de pozceaulx
Soiẽt frictes ces lãgues Benimeuses

Item a maistre andry courault
Les contredit franc gautier mande
Quant du tirant seant en hault
A cestuy la rien te ne demande
Le saige ne Beult que contende
Contre puissant pouure homme las
Affin que ses filles ne tendent
Et que ne tresbuche en ses las

Gõtier me crains qui na nulz hõmes
Et mieulx que moy nest herite

Mais en ce danger cy nous sommes
Car il loue sa pouurete.
Estre pouure puet et esle
Et a felicite se repute
Lequel tiens a malheurete
Lequel a tort:or en discute
Autre balade
sur mol duuet assis vng gras chanoine
Lez vng brasier en chambre bien nattee
A son couste gisant dame sidoine
Blanche.tendre.pollie et attainte
Boire ypocras a iour et a nuyttee
Rire.iouer.mignonner et baiser
Et nu a nu pour mieulx les corps aiser
Les vy tous deux p vng trou de mortese
Lors ie congneuz q pour dueil apaiser
Il nest tresor que de viure a son aise

Se franc gontier q sa compaigne helaine
Eussent ceste doulce vie hantee
Dongnos.ciuoz.q causet fort alaine
Nen comptassent vne bise toustee
tout leur mathon ne toute leur mathee
Ne prise vng ail:ie le dy sans noiser
Si sen vont ilz coucher soubz le rosier
Le ql vault mieulx lit costoie de chaise
Quen dittes vous fault il a ce muser
Il nest tresor que de viure a son aise

De gros pal bis bruuët dazge ꝗ dauoine
Et boiuët eaue tout au long de lanee
Tous les oyseaulx dicy en babylone
A tel escot vne seule iournee
Ne me tiendroient non vne matinee
Or sesbate de p dieu franc gontier
Helene o luy soubz le bel esglantier
Si bien leur est nay cause ꝗl me poise.
mais quopꝗl soit de laboureup mestier
Il nest tresor que de biure a son aise

Prince inges pour tous no9 accorder
ꝗt ꝭ a moy mais qua nul ne deplaise
Petit enfant tay ouy recorder
Quil nest tresoz que de biure a son aise

Item pour ce que scet la bible
Ma damoiselle de bruieres
Donne prescher hozs leuangille
A elle et a ses chamberieres
Pour retraire ses biolletiers
Qui ont le bec affille
Mais que ce soit hozs cimetieres
Trop au marche et au fille
     Ballade de la rescripcion
     des femmes de paris
Quoyque tinnent belles langagieres
Geneuoises beniciennes

Asses pour estre messagieres
Et mesmement les anciennes
Mais soient lombardes rômaines
Florentines a mes perilz
Pymontoises sauoisiennes
Il nest bon bec que de paris

De tresbeau parler tiennent cheres
Se dit on neopolitaines
Quoy que bonnes quaquetieres
Allemandes prouuenciennes
Soient normandes egipciennes
De honguerie ou dautre pays
Espaignolles ou castellannes
Il nest bon bec que de paris

Brettes suysses ne sceuent gueres
Gascougnes thoulouzaines
De petit pons deux harengieres
Les coucheroient et les lorraines
Angloises et Valenciennes
Ayge beaucop de lieu compris
Piccardes et beauuoisiennes
Il nest bon bec que de paris

Prince aux dames parisiennes
De beau parler donnes le prix
Quoy quon die ditaliennes

Il nest bon bec que de paris

Regarde men deux trois assises
Sur le bas du ply de leurs robes
En ces monstiers en ces eglises
Tires ten pres et ne ien hobes
Tu trouueras qudcques macrobes
Oncques ne fist telz Iugemens
Entens quelque chose en desrobes
Ce sont tous beaulx enseignemens

Item Varletz et chamberieres
De bons hostelz rien ne me nuist
Faisans tartes flans et gouyeres
Et grant tailhas a mynuit
Riens ny feront sept pintes ne huit
Tant que gisent maistre et dame
Puis apres sans mener grant bruit
Ie leur rementoy se ieu dasne

Item et a filles de bien
Qui ont peres meres et antes
Par maine ie ne donne rien
Car iay tout donne aux seruantes
Si fussent ilz de pou contentes
Grãt biẽ leurs feissẽt maintz lopins
Aux poures filles aduenantes
Qui se perdent aux iacobins

Aux celestins et aux chartreux
Quoy que vie mainnent estroicte
Si ont il largement entre eulx
Dont pouures filles ont disete
Tesmoing iacqueline et perrette
Et ysabeau qui dit en ne
Puis quil en ont telle souffrecte
A peine en seroit on dampne

Item a la grosse margot
Tresdoulce face et pourtraicture
Foy que doy boullare bigot
Asses denottes creatures
Ie laime de propre nature
Et elle moy la doulce sade
Qui la trouuera dauenture
Quon luy lise ceste ballade

Villon

Se tayme et fers la belle de bon hait
Mey deues vous tenir a vil ne sot
Elle a en soy des biens a son souhait
Pour elle seings le bloucler et passot
Quant viennent gens ie cours et hap
pe vng pot
Au vi me fuiz sas demener grat bruit
ie leur tendz eaue pal fromage & fruit
Silz iouet bien: ie leurs diz q bien stat
Retournez cy quat vo⁵ seres en ruit
En ce bourdeau ou tendz nostre estat

La grosse margot

Mais adonc il ya grant dehait
Quãt sãs argẽt se va coucher margot
Veoir ne la puis mõ cuer moit la hait
Sa robe pient/chaperon et surcot
Si luy iure quil tiendra pour lescot
Par les coustes:si se pient lantecrist
Crie et iure par la mort iesucrist
Que nõ fera:lois tépongne vng esclat
Dessus sõ nez luy en fais vng escript
En ce bordeau ou tenons nostre estat

puis paix se fait:ꝭ me lacħe ung groe
                                                  ꝑet
Pl⁹ enflamꝫe quɳ ꝟeniꝛ neuꝑ escarbot
Riant ma sict le poing sur le sommet
Gogo me ðit et me fait le iambot
to⁹ ðeuꝑ enſ͡eꝅle ðoꝛnꝋs c͡ꝺe ung ſaꝅot
Et au reueil quͣt le ꝟentre luy bꝛuit
Mꝋte sur moy quel ne gaste soɳ fruit
souꝫ zelle geinſ pl⁹qunaiꝫ me fait plat
De paillarð ec tout elle me ðestruit
En ce ꝛ̑oꝛðeau ou tenons noſtre eſtat

ꝟ͡ete.greſle.gelle:iay moɳ paiɳ cuit
Je suis paillarð:la paillarðe me suit
Orðure auons:orðure nous arruit
Luɳ ꝟault lautre ceſt a mauchat mau
rat
No⁹ ðeffuions ħꝋneur:ꝭ il no⁹ ðeffuit
En ce ꝛ̑oꝛðeau ou tenons noſtre eſtat

Jteɳ a marioɳ lyðolle
Et aſa grant izħanne ðe bꝛetaigne
Donne tenir puꝅlicque eſcolle
Oꝯ leſcollier le maiſtre enſeigne
Lieu neſt ou ce marcħe ne tiengne
Si noɳ eɳ la griſle ðe meꝫuɳ
De quoy ie ðis fy ðe ſenſeigne
Puis que louurage eſt ſi commuɳ

Jteɳ auſſi a noe le iolyꝭ

Autre chose ie ne luy donne
Fors plaiz point dofiers freiz cueilliz
En mon iardin ie fa bondonne
Charite eft et belle aumofne
Ame ne doit eftre martp
Onze Bings coups fuy en ordonne
Par les mains de maiftre henry

Item ne fcay qua foftel dieu
Donner naup pouures hofpitaulp
Bourdes nont icy temps ne lieu
Car pouures gens ont affes maulp
Chafcun leur enuoie leurs os
Les mendians ont eu mon ope
Au fort ilz en auront les os
A pouures gens menu monnope

Item ie donne a mon barbier
Qui fe nomme colin galerne
Pres Boifin dangelot ferbier
Vng gros glaffon prins ou en marne
Affin quafon aife fe puerne
De leftomac fe tiengne pres
Se liuer ainfi fe gouuerne
Trop naura chault lefte dapres

Item rien aup enfans trouues
Mais les perduz fault que confole

Si doluent estre retrouues
Par droit cheuz inertion lidosse
Vne lecon de mon escolle
Leur lie xp qui ne dute guiere
Te,le nayant dure ne solle
Escoutent cest la derniere

Beaulp enfans vous perdes la plus
Belle cose de vo chappeau
Mes clercs pres plenantz come glus
Se vous alles a mon plpeau
Du a tueil gardes la peau
Car pour sesvatre en ces deup lieup
Cuidant que vaulsist le tappeau
Le perdit colin de capeup

Ce nest pas vng ieu de trois mailles
Du va corps et peut estre lame
Quon pert:rien ny sont repentailles
Quon nen meure a honte et diffame
Et qui gaigne na pas a femme
Dido la ropne de carthage
Lhoinme dont est fol et infame
Qui pour si pou couche tel gage

Qun chascun encore mescoute
On dit et il est verite
Que charreterie se voit toute

Au feu liuer au Boys lefte
Se argent auez ilz neft quicte
Mais le defpent toft et Bifte
Qui en Boies Bous herite
Jamais mal acquest ne prouffite

Autre Ballade

Car or foies porteur de Bulles
Pipeur ou hefardeur de dez
Tailleur de faulx coings tu te Brufle
Comme ceulx qui font efchaudes
Traiftres partureurs de foy Buides
Soiens larron rauis ou pilles
Ou en Ba lacquest que cuides
Tout aux tauernes et aux filles

Rime, raille, cimbale, fuftes
Dont font tous autres efhontes
Farce, broulle, ioue des fleuftes
Fainctes icux et moralites
Faitz en Billes et en cites
Gaigne au Berlanc, au glic, aux glles
Peu fen Ba tout or efcoutes
Tout aux tauernes et aux filles

De telz ordures te recultes
Laboure, fauche champs et pres
Sers et penfe cheuaulx et mulles
Saucunement tu nes lettres

Asses auras si prens en grez
Mais se chanvre broire au tille
Ne tendz ton labour quas ouures
Tout aux tauernes et aux filles

Chausses pourpoinge et esguillettes
Robes et toutes voz drapilles
Ains que cesses pis porteres
Tout aux tauernes et aux filles

A vous parle compaings de galle
Mal des ames et bien du corps
Gardes vous de ce mau halle
Qui noircist les gens quāt sont mors
Escheuez le cest mauuais mors
Passes vous en mieulx que pourres
Et pour dieu soiez tous recors
Qune fois viendra que mourres

Item ie donne aux quinze vings
Quautant vauldroit nōmer trois cēs
De paris nompas de prouins
Car a eulx tenu ne me sens
Ilz auront et ie my consens
Sās les estuis mes grans lunettes
Pour mettre apart aux innocens
Les gens de bien des deshonnestes

Icy na ne ris ne ieu
Que leur vault auoir cheuance
Nen grans litz de paremens ieu
Engloutir vin en grosses panses
Mener ioye festes et danses
Et de ce prest estre a toutc heure
Tantost faillent telles plaisances
Et la coulpe si en demeure

Quant ie considere ces testes
Entassees en ses charniers
Tous furent maistres des requestes
Du tous de la chambre aup deniers
Du tous furent panniers
Autant puis luy que lautre dire
Car deuesques ou lanterniers
Ie ny congnois rien a redire

Et icelles qui senclinoient
Vnes contre aultres en leurs vies
Desquelles les vnes regnoient
Des autres craintes et serules
La les vy toutes assouuies
Ensemble en vng tas pesle mesle
Seigneuries leur sont rauies
Clerc ne maistre ne si appelle

Or sont ilz mors:dieu ait leurs ames

Quant est des corps ilz sont fournis
Aient estes seigneurs et dames
Souef et tendrement nourriz
Doree cresme frōmentee ou riz
Et les os declinent en pouldre
Aux quelz ne chault esbas ne riz
Plaise au doulx iesus les absouldre

Item rien a iacquet cardon
Car ie nay rien pour luy honneste
Nompas quil gette a bandon
Pour la belle bergeronnette
Selle eust le chant marionnette
Fait par marion peautarde
Ou ouurez vostre huys guillemette
Elle allast bien ala moustarde

Item donne aux amans en fermes
Oultre maistre alain chartetier
A leurs chenez de pleurs de lermes
Trestout fin plain vng benoistier
Et vng petit brin desglantier
En tout temps vert pour guipillon
Pourueu quilz diront vng psaultier
Pour lame du poure villon

Item a maistre iacques iames
Qui se tue damasser biens

Donne fiancer tant de femmes
Quil vouldra:mais despouser riens
Pour quil amasse il pour les siens
Il ne plaint fors que ces morceaulx
Ce que fut aux truyes ie tiens
ql doibt de droit estre aux pourceaulx

Item sera le seneschal
Qui vne fois pora mes debtes
En tescompence mareschal
Pour ferrer ocs et canettes
En luy enuoyant ces sonettes
Pour soy desennoier:combien
Sil en veult face des allumettes
De bien chanter sennuye on bien

Item au cheualier du guet
Ie donne deux beaulx petis pages
Phillipot et le gros marquet
Lesquelz seruy dont sont plus sages
La plus partie de leurs aages
Tristan preuost des mareschaulx
Hellas si sont casses de gaiges
Aller leur fauldra tous deschaulx

Item au chapellain le laisse
Ma chappelle en simple tonsure
Chargee dune seiche messe

Ou il ne fault pas grant lecture
Resigne luy eusse ma cure
Mais poit ne veult de charge dames
De confesser certes il na cure
Si non chamberieres et dames

Pource que cest bien mon entente
Jehan de calais honnorable homme
Qui ne me vit des ans a trente
Et ne scet comment le me nomme
De tout ce testament en somme
Saucune pa difficulte
Oster iusquau te dune pomme
Je luy en donne faculte

De le gloser et commenter
Et le deffinir et rescripre
Diminuer et augmenter
Et le chanceler et escripre
De sa main et ne sceut escripre
Interpreter et donner sens
A son plaisir meilleur ou pire
A tout cecy ie my consens

Et saucun dont nay congnoissance
Estoit alle de mort a vie
Je vueil et luy donne puissance
Affin que lordre soit finie

Et lordonnance eſtre aſſouuie
Que ceſte auſmone ailleurs trãſporte
Sans ſi iappliequer par enuie
A ſon ame le men rapporte

Item lordonne a ſaincte audye
Et non ailleurs ma ſepulture
Et affin que chaſcun me Boye
Non pas en chair mais en paincture
Que lon tire mon eſtature
Dancre ſil ne couſtoit trop cher
De tumbel rien ie nen ay cure
Car il greueroit le plancher

Item Bueil que au tour de ma foſſe
Ce que ſenſuit ſans autre hyſtoire
Soit eſcript en lettre aſſes groſſe
Et qui nauroit point deſcriptoire
De charbon ou de pierre noire
Sans en rien entamer le plaſtre
Au moins ſera de moy memoire
Telle quelle eſt dun follaſtre

Cy giſt et dort en ce ſolier
Quamours occiſt de ſon raillon
Ung pouure petit eſcolier
Qui fut nomme francois Billon
Oncques de terre neuſt ſillon

Il donna tout chascun le scet
Tables treteaulx pain corbillon
Au moins dittes en ce verset

Repos eternel donne a cil
Lumiere clarte perpetuelle
Qui vaillant plat ne escuelle
Neust onc ne vng brin de percil

Il fut rez chief barbe et sourcil
Comme vng naufet quon ree ou pelle
                Repos
Rigueur le transmit en exil
Et luy frappa au cul la pelle
Non obstant quil dit len appelle
Quil nest pas terme trop subtil
                Repos
Item ie vueil quon sonne a branle
Le gros beffroy qui est de voirre
Cöbien que cueur nest qui ne tremble
Quant de sonner est a son erre
Sauue a mainte bonne terre
Le temps passe chascun le scet
Feussent gendarmes ou tonnoirre
Au son de luy tout mal cessoit

Les sonneurs auront quatre miches
Et se cest pou;demyé douzaine
Autant nen donnent les plus riches

Mais ilz seront de saint estienne
Doultant est homme de grant peine
Lun en sera quant gy regarde
Il en viura vne sepmaine
Et lautre au sort iehan de la garde

Pour tout se fournir et parfaire
Jordonne mes exsecuteurs
Auy quelz fait bon auoir affaire
Qui contentent bien leurs debteurs
Ilz ne sont pas grans venteurs
Ilz ont bien de quoy dieu mercis
De ce fait seront directeurs
Escriptz ie cen nommeray six

Cest maistre martin bellefaye
Lieutenant du cas criminel
Qui sera lautre gy pensoye
Le sera sire colombel
Si luy plaist/et il luy est bel
Il entreprendra ceste charge
Et lautre michiel iouuenel
Les trois seulz et pour tous encharge

Mais ou cas que mescusassent
En redoubtant les premiers fraiz
Du totallement tecusassent
Ceulx qui sensuuent cy apres

Jnſtitue gens de bien tres
Phelippe brune au noble eſcuiet
Et lautre ſon Voiſin dempres
Sl eſt maiſtre iacques raguier

Et lautre maiſtre iacques iaines
Trois hommes de bien et donneur
Deſirans de ſauluer leurs ames
Et doubtant dieu noſtre ſeigneur
Pluſtoſt y mecteroient du ſeur
Qua ceſte ordonnance ne baillent
Point nauront de contrerolleur
A leur bon ſeul plaiſir en taillent

Des teſtamens quon dit le maiſtre
De mon fait naura quid ne quot
Mais ce ſera Vng ieune preſtre
Qui ſe nomme thomas tacot
Doulentiers buſſe a ſon eſcot
Et quil me couſtaſt ma cornett
Sil ſceut iouer a Vng trippot
Jl euſt du mien le trou pertette

Quant au regart du luminaire
Guillaume du ru gy commectz
Pour porter les coings du ſuaire
Aup epcecuteurs le remetz
Trop plꝰmal me font quodques mais

panil cheueulp barbe fourcilz
Mal me preffe:temps eft defoimais
Que crie a toutes gens merciz
       Autre ballade
Chartreup auffi celeftins
Aup mendians et aup deuottes
Amufars et clicque patins
A feruantes et filles mignottes
Portans furcotz et iuftes cotes
Acuidereaup damours tranffis
Chauffds fds methaing fauues botef
Je crp a toutes gens merciz

A fillettes monftrans tetins
Pour auoir plus largement hoftes
A ribleurs meneurs de hutins
A baftelleurs trainans marmottes
A folz et folles folz et fottes
Qui feh vont cifflant cinq et fip
A befues et a mariottes
Je crp a toutes gens merciz

Si non aup traiftres chiens inaftins
Qui mont fait chier dures crottes
Menger mains foirs ꝗ mains matis
Que ores ie ne crains pas trois crotef
Pour eulp ie feiffe petz et roites
Je ne puis car ie fuis affis
                     gi.

Combien pour euiter riottes
Je cry a toutes gens mercy

Son leur froiſſoit les quinze coſtes
De grans maillez gros et maſſis
De plombees et de telz pellottes
Je cry a toutes gens mercy

Icy ſe cloſt le teſtament
Et finiſt du pouure Billon
Venez a ſon enterrement
Quant vous orrez le carrillon
Veſtuz rouges côme vermeillon
Car en amours mourut martir
Si iura il ſur ſon caignon
Quant de ce monde voult partir

Explicit

Cauſe dappel dudit Billon
Que vous ſemble de mon appel
Garnier feis ie ſens ou folie
Toute beſte garde ſa pel
Qui la contraint efforce ou lye
Selle peut elle ſe deſlie
Quant en ceſte peine arbitraire
On me iugea par tricherie
Eſtoit il lors tant de moy taire

Se fusse des hoirs hue cappel
Qui fut extrait de boucherie
On meust par my ce drappel
Fait boire a celle escorcherie
Vous entendes bien toncherie
Ce fut son plaisir voluptaire
De moy iuger par tricherie
Estoit il lors temps de moy taire

Cuidez vous que soubz mon cappel
Ny eust tant de philosophie
Comme de dire ien appel
Si auoit ie vous certifie
Combien que point trop ne my fie
Quant on me dit present notaire
Pendus seres ie vous affie
Estoit il lors tant de moy taire

Prince se leusse eu la pepie
Pieca fusse ou est clotaire
Au champs de bout cõe vng espie
Estoit il lors tant de moy taire

g ii

Le rondeau que feist
ledit Billon quant
il fut iugie

Je suis francois dont ce me poise
Ne de paris empres pontoise
Qui dune corde dune toise
Saura mon col que mon cul poise

Epitaphe dudit Villon

Freres hūmains qui apres no9 viues
Nayez les cueurs contre no9 endurcis
Car se pitie de no9 pouurez auez
Dieu en aura plustost de vous mercis
Vous nous voies cy atachez cinq sip
Quāt de la char q trop auōs nourrie
Elleft pieca deuouree et pourrie
Et no9 les os deuenōs cēdres z pouldre
De noftre mal perfonne ne fei rie
Mais pries dieu que tous nous vueil
le abfouldre   g.iii.

Se freres Bo⁹ clamons:pas ne deuez
Auoir desdaing quop q̃ fumes occis
Par iustice touteffois Bous saues
Que to⁹ hões nõt pas bon sens raffis
Epcuses no⁹ puis que sõmes transis
Enuers le filz de la Bierge marie
Que sa grace ne soit pour nous tarie
Nous preseruãt de linfernalle fouldre
Nous sõmes mors ame ne nous Barie
Mais pries dieu que tous nous Bueil
le absouldre

La pluye nous a Buez et laues
Et le souleil desesches et noirciz
Pies corbeaulp no⁹ont les peulp cau/
Et arrache la Barbe q̃ les sourciz (uez
Jamais nul tẽps nõ⁹ ne sõmes raffis
Puis ca puis la comme le Bent Barie
A son plaisir sans cesser nous chârie
Pl⁹ dechttes doiseaulp q̃ dez a couldre
Homme icy na point democquerie
Mais pries dieu que tous nous Bueil
le absouldre

Prince iesus qui sur tous seigneurie
Gardes quéfer nait de no⁹la maistrie
Aluy naions que faire ne que souldre
Ne soies donc de nostre confrairie
Mais pries dieu que tous nous Bueil
le absouldre

Qui est ce q̃ i'oy?ce suis ie.q̃?ton cueur
Qui ne tient mais qua vng petit fillet
Force na plus:substance ne liqueur
Quant ie te voy retrait ainsi seulet
Côe pouure chien tappy en reculet
Pourquoy e ce:pour ta folle plaisâce
Que te chault il?rien ay la desplaisâce
Laisse men paix?pourquoy:gy pêseray
Quât sera ce?quât seray hors denfâce
Plus ne ten dy:et ie men passeray

Que pense tu:estre homme de valeur
Tu as trête ans:cest laage dû mulet
Est ce enfance,nennil:cest dôc folleur
Qui te saisist,par ou?par le collet
Rien ne congnois:si fais mousches en
lait
Lû e blâc,lautre e noir:cest la differêce
Est ce dôc tout?q̃ veulx tu que ie tence
Se nest assez:ie recommenceray
tu es perdu:iey mettray resistance
Plus ne ten dy:et ie men passeray

Dont vient ce mal?il vient de mô mal
heur
Quant saturne me feist mon fardelet
Ces mos il meist:ie le croy.cest folleur
Son seigneur est:et te tiens son varlet
g.iiii.

Doy que salomon escript en so roulet
Homme saige ce dit il q puissance
Sur les planectes et sur leur influēce
Je nen croy rien tel que mo fait serap
Que dis tu?dea certes est ma creance
Plus ne ten dy:et le mien passeray

Veulx tu Vlure:dieu mē doīt la puissā
il te fault,quoy:remors de oscieēce (cce
Lire sans fin.en quoy:en science
Laisse les folz ie y aduiseray
Or les retien:ien ay bien souuenance
Natēs pas tāt q tourne adesplaissāce
Plus ne ten dy:et le mien passeray

    La requeste que bailla ledit Villon
    a messeigneurs deparlement

Tous mes cinq sēs yeulx oreille a bou/
Le nez et Bos le sensitif aussi   (cche
Tous mes mēbres ou il ya reprouche
En son endroit chascune die ainsi
Souueraine court p qui sommes pcy
Vous nous auez garde de desconfire
Or la langue ne peut assez souffire
A Vous rendre souffisantes louenges
Si prie pourBos mere du souuerai sire
mere des bos a seur des benoistz āgelz

Cueur fédés ho°ou pçez duñc brioche
Et ne foies au mo"ns plus endurcy
Que vng defert fut la forte bife roche
Dőt le peuple des iuifz fut adoulcy
Fondes lermes et Verles a mercy
Hő me hűble cueur q tédremét fouspire
Louez la court cőtoicte au falt empire
Leur des frácois:le cőfort des eftráges
Preciee laffus ou ciel empire
mere des bős q feur des benoiftz ágelz

Et ho°mes dens chafcune fi feſloche
Saillez auant rendes toutes mercy
pl° haultemét q orgue trőpé ou cloche
Et de mafcher napez ores fouffy
Confideres que ie feuffe tranfy
Foye pőmon et tate qui refpire
Et ho°mon corps ou Bil eftre percy
Que ours né pourceau qui fait fő nic
es fanges
Loues la court auant ql Bous empire
mere des bős q feur des benoiftz ágelz

Prîce.iii.iours ne Bueillez mefcődire
pour moy pouruoir q aup miés a dieu
dire
fás eulp argét ie nay cy ne aup cháges
Court triűpháț biế faiſáț fás mefdire
mere des bős q feur des benoiftz ágelz

La requeſte que ledit Billon bail/
la a monſeigneur de Bourbon

Le mien ſeigneur et prince redoubtç
Fleuron de lys ropalle geniture
Francois Billon qui trauail a doubte
A coups orbs par force de baſture
Bous ſupplie en ceſte hūble eſcripture
Que lui factez quelque gracieuy preſt
Si ne doubtez q̄ bien ne Bous contēte
Sans p̄ auoir dōmage ne intereſt
Bous np perdez ſeulement que la tête

A prince na Bng denier empruntç
Fors a Bo⁹ ſeul Boſtre hūble creature
De ſiy eſcuz que luy auez pleſte
Cela pieca il meiſt en nourriture
Tout ſe papera enſēble ceſt droitture
Mais ce ſera legierement et preſt
Car ſi du glan rencontre la foureſt
Dentour patay ⁊ chaſtaignes ou hête
Pays ſerez ſans delay np arreſt
Bous np perdrez ſeullement q̄ la tête

Si ie peuſe Bendre de ma ſante
A Bng lombart Bſurier par nature
Faulte dargent ma ſi fort enchante
Que ien prendrope ce cuide la duēture

Argent ne pend a gippon ná sainture
Beau sire dieup ie mesbahis q cest
Que deuant moy croist ne se cōparoist
Si non de bois ou de pierre q ne mente
Mais si vne fois la voie il apparoist
Vous ny perdiez seull;ment q latête

Prince du lys qui a tout bien cōplaist
Que cuides vous cōme il me desplaist
Quāt ie ne puis venir en inō entente
Bien entēdez apdes moy sil vo⁹plaist
Vous ny perdiez seullement q latente

Alles lectres faictes vng sault
Combien que nayez pié ne langue
Remonstrez en vostre harengue
Que faulte dargent si massault
              Autre ballade
Tant grate cheure que mal gist
Tant va le pot a leaue quil brise
Tant chauffe on le fer quil rougist
Tant le maille on quil se debrise
Tant vault lhoïnme cōme on le prise
Tant seslongue quil nen souuient
Tant mauuais est quon le desprise
Tant crie on noe qui vient

Tant raille on que plus on ne rit

Tant despent on quon na chemise
Tant est on franc que tout se frit
Tant hayt tien que chose promise
Tant ayme on dieu quon suyt leglise
Tant donne on quemprunter couient
Tant tourne vent quil chiet en bise
Tant crie on noel quil vient

Tant aime on chien quon le nourrist
Tant court chanson quellest aprinse
Tant garde on fruit quil se pourrist
Tant bat on place quellest prinse
Tant tarde on quon fault a entreprise
Tant se haste on que mal aduient
Tant embrasse on que chiet la prise
Tant crie on noel quil vient

Prince tant vit le fol quil saduise
Tant va il quaprres il reuient
Tant le mathe on quil se rauise
Tant crie on noel qui vient

Autre ballade

Je congnois bien mouches en laict
Je congnois bien a la robe lhomme
Je congnois le beau temps du lait
Je congnois au pomier la pomme
Je congnois labre a veoir la gomme
Je congnois quant tout est de mesmes

Ie congnois qui besongne ou chôme
Ie congnois tout fors ǧ moy mesmes

Ie congnois pourpoint au collet
Ie congnois le moyne a la grome
Ie congnois le maistre au varlet
Ie congnois au voille la nonne
Ie congnois quant pipeur iargonne
Ie congnois folz nourriz de cresmes
Ie congnois le vin a la tonne
Ie congnois tout fors ǧ moy mesmes

Ie congnois cheual et mullet
Ie congnois leur charge et leur sôme
Ie congnois bietris et bellet
Ie congnois get qui nombre ǫ somme
Ie congnois vision et somme
Ie congnois la faulte des boesmes
Ie congnois filz varlet et homme
Ie congnois tout fors ǧ moy mesmes

Prince ie congnois tout en somme
Ie congnois couloutes et blesmes
Ie congnois mort qui tout côsomme
Ie congnois tout fors ǧ moy mesmes

Le iargon et ioßellin
dudit Villon

A parouart la grant mathegaudie
Ou accollez sont duppez et noirciz
Et p̃ les anges suiuans la paillardie
Sont greffiz et print cinq ou siy
La sont blessleurs au plus hault bout
assis
Pour le euaige et biẽ hault mis au vet
Escheques moy tost ces coffres massif
Car vedengeurs des ances circuncis
Seỹ brou et du tout aneant
Eschec eschec pour le fardis

Brouez moy sur gours passans
Abuisez moy bien tost le blanc
Et pictõnez au large sus les champs
Quau mariage ne soiez sur le banc
Plus quỹ sac nest de plastre blanc
Si gruppez estes des carituy
Rebiguez moy tost ces enteruery
Et leur monstrez des trois le bris
Quẽ claues ne soiez deuy et deuy
Eschec eschec pour le fardis

Plantes auy hurmes voz picons
De paour des bisans si tres durs
Et aussi destre sur les ioncs
Eỹ mahes eỹ coffres eỹ gros murs

Eschari ces ne soies point dure
Que le grant can ne vos face essorez
Songears ne soies pour dorez
Et babignes tousiours aup ys
Des sires pour les desbousses
Eschec eschec pour le fardis

Prince froart dis arques petis
Lun des sires si ne soit endormis
Leues au bec que ne soies greffiz
Et que vos einps ney aient du pis
Eschec eschec pour le fardis
          Ballade
Coquillars enaruans a ruel
Men ys vous chante que gardes
Que ny laissez et corps et pel
Quon fist de collin lescailler
Deuant la roe babiller
Il babigna pour son salut
Pas ne scauoit oingnons peller
Dont lamboureux luy rompt le suc

Changes andosses souuent
Et tires tout droit du temple
Et eschicques tost en broullant
Quen la tarte ne soiez emple
Montigny y fut par exemple
Bien atache au halle grup

Et y iargonnast:il le tremple
Dont lamboureux luy rompt le suc

Gailleurs faitz en piperie
Pour ruer les ningrs au foing
A la sault tost sans suerte
Que les mignons ne soient au gaing
Farciz dun plumbis a coing
Qui griffe au gard le duc
Et de la dure si tresloing
Dont lamboureux luy rompt le suc

Prince erriere du ruel
Et neussies vous denier ne pluc
Quau giffle ne laissez lappel
Pour lamboureux qui rompt le suc

Autre ballade

Spelicans
Qui en tous temps
Auances dedans le pogois
Gourde piarde
Et sur la tarde
Desboursez les pouures npais
Et pour soustenir voz pois
Les duppes sont priues de caire
Sans faire haire
Ne hault braire
Metz plantez ilz sont comme ioncz
Par les sires qui sont si longs

Souuent aux arques
A leurs marques
Se laiſſent tous deſbouſes
Pour ruer
Et enteruer
Pour leur contre quelois faiſons
La fee les arques ſBoue reſpons
Et rue deup roupe ou trois
Aup gallois
Deup ou trois
Nincront treſtout au frontz
Pour les ſires qui ſont ſi longs

Et pource Beuardz
Loquillars
ReBecquez ſous de la montiope
Qui deſuope
Hoſtre piope
Et Bous feta du tout Biouer
Par ſoncher
Et enteruer
Qui eſtaup pigons Bien cḣair
Pour rifler
Et placquer
Les angelz de mal tous rons
Pour les ſires qui ſont ſi longs

De paour des hurmes

ℌi.

Et des grumes
Rasurez voz en droguerie
Et falerie
Et ne soiez plus sur les tonces
Pour les fires qui sont si longs
Autre ballade
saulpicquez fronds des goureȝ arquez
pour desbouses beaussire dieuȝ
Alles ailleurs planter voz marques
Beuards vous estes rouges gueuȝ
Berart sen va chez les toncheurs
Et babigne quil a plongis
Mes freres soiez embraleuȝ
Et gardez les coffres massis

Si gruppes estes desgrappez
De ses angelz si graueliffes
Incōtinant mantheaulȝ et chappes
Pour lemboue ferez eclipses
De voz farges seres besifles
Tout de bout nompas assis
Pource gardes destre griffez
En ces gros coffres massis

Niaiȝ qui seront attrappez
Bien tost sen brouent au halle
Plus ny vault que tost ne happes
La baudrouse de quatre talle

Des tires fait la birenasse
Quant le gosier est assegis
Et si hurcque sa pirenasse
Au saillit des coffres massis

Prince des gayeuls les sarpes
Que voz contrez ne soient greffiz
Pour doubte de srouer aux arques
Gardes vous des coffres massis
                Autre ballade
Joncheurs ionchans en ioncherie
Resignez bien ou ioncherez
Quostac nembroue vostre arerie
Du accolles sont voz ainsnez
Poussez de la quille et brouez
Car tost seriez rouppieux
Eschec quacollez ne sotes
Par la poe du marieux

Vendez vous contre la faerie
Quant vous auront desbouses
Nestant a iuc sa rifflerie
Des angelz et leurs assoses
Berard si vous puist renuersez
Si greffir laisses voz carrieux
La dure bien tost renuerses
Pour la poe du marieux

                                    hii.

Enteruez ala floterie
Chanter leur trois sans point songer
Quen aftes ne soies enfurie
Blanchir voz cuirs et essurgez
Vignes la mathe sans targer
Que voz ans nen soient ruppleux
Plantes ailleurs ptre sieges assegier
Pour la poe du marieux

Prince beuardz en esterie
Querez couplaus pour ramboureux
Et au tour de voz ps suezie
Pour la poe du marieux

        Autre ballade
Contres de la gaudisserie
Enteruez tousiours blanc pour bis
Et frappes en la hurterie
Sur les beaulx sites bas assis
Ruez des fueilles cinq ou six
Et vous gardes bien de la roe
Qui au sires plante du gris
Et leur faisant faire la moe

La giffle gardes de rurie
Que voz corps nen aient du pis
Et que point ala turterie
En la hurme ne soies assis
Prens du blanc laisse du bis

Ruez par les fondes la poe
Car le bizac auoit aduis
Fait au beroars faire la moe

Plantes de la mouargie
Puis ca puis la pour surtis
Et nespargne point la flogie
Des douly dieuy sue les patis
Voz ens soient assez hardis
Pour seur auancer la dioe
Mais soient memorabis
Quon ne vous face faire la moe

Prince qui na bauderie
Pour escheuer de la soe
Danger de grup en arderie
Fait auy sites faire la moe

La fin du grant testament,
du codicille: du iargon, et
des ballades

Sensuit le petit testament
maistre francois billon

ħ iii.

Lan mil quatrecens cinquantesix
Je francois Billon escollier
Considerant de sens rassis
Le frain aux dens franc au collier
Quon doit ses euures employer
Comme Vegece le racompte
Sage romain grant conseillier
Ou autrement il se mesconte

En ce temps que iay dit deuant
Sur le noel morte saison
Que les loups viuent de vent
Et quon se tient en sa maison
Pour le frimas pres du tison
Me vint voulente de brifer
La tres amoureuse prison
Qui faisoit mon cueur debrifer

Je le feis en telle facon
Voyant celle deuant mes yeulx
Consentant a ma deffacon
Sans ce que ia luy en fust mieulx
Dont ie dueil & plains aux cieulx
En requerent delle vengence
A tous les dieux venerieux
Et du grief damours allegence

Item a celle que iay dit
Qui si durement ma chasse
Que ie suis de ioye interdit
Et de tout plaisir dechasse
Ie laisse mon cueur enchasse
Palle:piteux:mort et transy
Elle ma ce mal pourchasse
Mais dieu luy en face mercy

Item a maistre ythier marchant
Au quel ie me sens tres tenu
Laisse mon branc dacier trenchant
Et a maistre iehan le cornu
Qui est en gaige detenu
Pour vng escot sir solz montant
Ie vueil selon le contenu
Quon leur liure en le rachetant

Item le laisse a saint amant
Le cheual blanc auec sa mulle
Et a blaru mon diamant
Et lasne raye qui reculle
Et le decret qui articulle
Omnis vtriusqz sexus
Contre la carmeliste bulle
Laisse aux curez pour mettre sus

. Item a iehan trouue bouchier
h iiii.

Laisse le mouton franc et tendre
Et vng tacon pour esmoucher
Le beuf couronne quil veult vendre
La vache quon pourra prendre
Le villain qui la trousse au col
St ne la rend quon le puist pendre
Ou estrangler dun bon licol

Item a maistre robert vallee
Pouure clergon en parlement
Qui ne tend mont ne valle
Jordonne principallement
Quon luy baille legierement
Mes braies estans aux trumelieres
Pour greffer plus honnestement
Samye iehanne de millieres

Pource quil est de lieu honneste
Fault quil soit mieulx recompense
Car le saint esperit ladmonneste
Obstant quil est insense
Pource ie me suis pourpense
Puis quil na riens ne qune aumoire
De recouurer ceulx maupense
Quon luy baille lart de memoire

Item ie assigne la vie
Du dessusdit maistre robert

Mes parens ny aient enuie
Pour dieu quoy Vende mon haubert
Et que larzent ou la plus part
Soit emploie dedens ces pasques
Pour acheter a ce poupart
Vne feneftre apres faint iacques

Item ie laiffe au pardon
Mes gands et ma hucque de foye
A mon amy iacques cardon
Le glan auffi dune fauffoye
Et tous les iours vne graffe oye
Ou vng chappon dc haulte greffe
Dix muys dc Vin blanc comme crope
Et deux proces que trop nengreffe

Item et laiffe a ce ieune homme
Regnier de montigny trois chiens
Et a iehan raguier la somme
De cent frans prins fur toꝰmes biens
Mais quoy ie ny compiens eꝫ riens
Ce que ie pourray acquerir
Dn ne doit trop prendic des fiens
Ne fes amps trop furquerir

Item au feigneur de grigny
Laiffe la garde de nygon
Et fix chiens plus qua montigny

Bicestre chastel et dongon
Et a ce malostru changon
Montonnier qui le tient en proces
Laisse trois coups dun esturgon
Et cruscher paix et aise en ceps

Item a maistre iacques raguier
Laisse labruuoir popin
Perches poussins au blanc menger
Tousiours le choiz dun bon lopin
Le trou de la pomme de pin
Clos et couuert au feu la plante
Enmaillote dun iacoppin
Et qui vouldra planter si plante

Item a maistre iehan mautaint
Et a pierre le basannier
Le gre de celuy qui attend
Troubles forfaiz sans espargner
Et a mon procureur fournier
Bonnetz cours chausses semellees
Taillez cheuz mon cordoennier
Pour porter durant ces gellees

Item au cheuallier du guet
Le heaulme luy establis
Et aux pietons qui vont daguet
Tastonnant par ses establis

Je laisse deux beaulx rubis
La lanterne ala pierre au fait
Pourueu que iauray les trois litz
Silz me mainent en chastellet

Item au lou et a chollet
Pour alafoiz laisse bng canart
Prins sur les murs comme on souloit
Enuers les fosses sur le tard
Et a chascun bng grant tabard
De cordelier iusques aux piez
Busche charbon et poiz et lart
Et mes houseaulx sans auant piez

Item ie laisse en pitie
A trois petis enfans tous nudz
Nommes en ce present traictie
Pouures orphelins inpourueuz
Et desnuez comme le ber
Iordonne quilz soient pourueuz
Aumoins pour passer cest yuer

Premierement colin laurens
Girard gossoyn iehan marceau
Desprins le biens et de parens
Qui non baillant lance dun seau
Chascun de mes biens bng faisseau
Ou quattre blans silz aymēt mieulx

Ilz mengeront maint bon morceau
Les enfans quant ie seray vieulx

Item ma nominacion
Que iay de luniuersite
Laisse par resignacion
Pour forclorre dauersite
Pouures clercs de ceste cite
Soubz cest intendit contenuz
Charite my a incite
Et nature:les voians nudz

Cest maistre guillaume cotin
Et maistre thibault de vitry
Deux pouures clercs parlant latin
Paisibles enfans sans etry
Humbles bien chantans au lectry
Ie leur laisse sans recepuoir
Sur la maison guillot gueuldry
En attendant de mieulx auoir

Item ie adioints ala crosse
Celle de la rue saint antoine
En vng biliart de quoy on crosse
Et tous les iours plain pot de saine
Aux pigons qui sont par essoine
Enserrez soubz trappe volliere
Mon miroer bel et ydoine

Et la grace de la geolliere

Item ie laisse aux hospitaulx
Mes chassis tissuz dirangnie
Et aux gisans sur ces estaux
Chascun sur loeil vne grongnee
Trembler a chiere reffregnee
Mesgres beluz et morfonduz
Chausses courtes robes rongnees
Gelles muitduz et enfonduz

Item ie laisse a mon barbier
La tougneure de mes cheueulx
Plainement et sans destoutbier
Au sauetier mes souliers vieulx
Et au freppier mes habitz tieulx
Que quant du tout ie les delaisse
Pour moins quilz ne coustêret neufz
Charitablement ie leur laisse

Item ie laisse aux mendiens
Aux filles dieu et aux beguines
Sauoureulx morceaulx et frians
Chappons pigons grasses gellines
Et puis prescher les quinze signes
Et a batre pain a deux mains
Carmes cheuauchent noz voisines
Mais cela ce nest que du mains

Item laisse le mortier dor
A iehan le spicier de la garde
Et vne pocence de saint mor
Pour faire vng broiet a moustarde
Et a cestuy qui fist lauantgarde
Pour faire sur moy griefz epploiz
De par moy saint anthoine larde
Je ne luy lairray autre laiz

Item ie laisse a male beuf
Et a nicolas de louuiers
A chascun lescalle dun oeuf
Plaine de frans et descuz vieulx
Quant au concierge de gouuieulx
Pierre rousseuille iordonne
Pour leur donner entre eulx
Escuz telz que prince les donne

Finablement en escripuant
Ce soir seullet estant en bonne
Dictant ces laiz et desculpuant
Soupz la cloche de sarbonne
Qui tousiours a neuf heures sonne
Le salut que langel predit
Si suspendy et mis en somme
Pour prier comme le cueur dit

Fait au temps de la dicte date

par le bon resto̅me̅ villon
Qui ne mengue figue ne date
Sec et noir comme escouuesson
Il na tente ne pauillon
Quil nait laisse a ses amis
Et na mais qun pou de billon
Qui sera tantost a fin mis

Cy finist le grant testament
maistre francois villon. Son
codicille ses ballades a iargo̅
Et le petit testament. Impri
me a paris Lan mil .cccc. qua
tre vinges et neuf.

.

www.ingramcontent.com/pod-product-compliance
Lightning Source LLC
Chambersburg PA
CBHW052118090426

42741CB00009B/1865